Work
Book

맛있는 주니어 중국어 1

맛있는 books

대화 완성하기

그림을 보고 미완성의 대화문을 완성하여
이어질 대답과 연결합니다.
빈칸을 채우면서 쓰기 연습도 하고,
대화문을 완성하면서 회화 연습까지 할 수 있는
일석이조의 문제입니다.
많이 쓰고 많이 읽어 보세요!

틀린 발음 고치기

뜻 글자인 한자를 제대로 읽으려면
발음기호를 제대로 알아야 합니다.
또 성조가 틀리면 문장의 의미 또한
달라질 수 있다고 하였죠?
메인북에서 학습하였던
내용을 떠올려 어떤 부분이 틀렸는지
정확하게 써 보세요.
또박또박 쓰면서 정확하게 발음하여
읽기 연습까지 할 수 있답니다.

해석 연결하기

입에는 익은 문장이지만
어떤 뜻인지 모른다면
중국인 친구와
대화를 할 수 없겠지요?
제시된 문장에 맞는 해석을
연결해 보고
큰 소리로 따라 읽어 보세요.

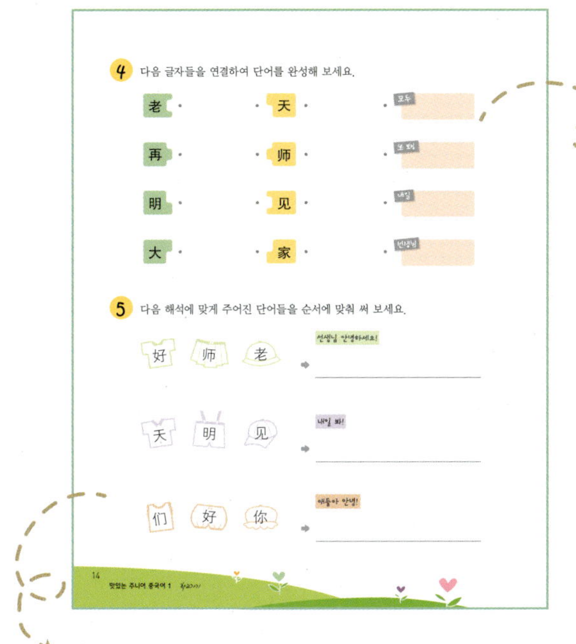

단어 연습하기

퍼즐을 맞추듯 조각조각
떨어져 있는 단어를 조립하여 단어를 완성해 보세요.
퍼즐 조각을 올바르게 맞추었으면
뜻을 찾아 연결한 후 직접 써 보세요.
직접 연결하여 손으로 쓴 단어는
절대 잊어버리지 않을 테니 꼼꼼히 학습해 보세요!

문장 완성하기

무작위로 놓여 있는 한자를
해석된 문장에 맞춰 올바른 순서로 나열해 보세요.
중국어 문장이 어떻게 이루어져 있는지
한눈에 알 수 있는 효과가 아주 큰 문제랍니다.
여러분의 중국어 학습이 수월해집니다.

한자 쓰기

메인북에 등장했던 주요 한자를
획순에 맞춰 써 봅니다.
발음과 뜻, 한자까지 함께 보면서
쓰기 연습을 할 수 있어
다방면으로 학습이 가능합니다.

이 과에서는요!

표현 쏙쏙! 단어 쑥쑥!

상황 설명, 대표 표현과 단어로
각 과마다 어떤 이야기가 펼쳐지고,
어떤 중국어 표현을 배우게 될지 보여줍니다.

맛있는 회화

주인공 민호, 윤아, 동민 그리고 하나의
재미있는 이야기가 펼쳐집니다.
우리 친구들이 좋아하는 만화로
구성되어 있어 한층 더 흥미를 돋우었습니다.

표현 즐기기

회화에서 주요하게 쓰인 표현을
위주로 하여 다양한 예문을
가지고 학습합니다.

잘 듣고 쓰기

지금껏 학습한 내용을 다양한 듣기 문제를 통해 복습해 봅니다.

그림보고 말하기

그림을 보고 어떻게 말하면 좋을지
한 번 더 생각해 보고,
직접 빈칸을 채우는 페이지입니다.

똑똑한 단어

각 과의 주제에 해당하는
심화단어를 예쁜 삽화와 함께
보여줍니다.

신나는 잰말놀이

정확한 발음 구사를 위한
잰말놀이 페이지입니다.

즐거운 중국 이야기

각 과의 주제와 관련된 재미있는
중국 이야기를 담았습니다.

차례

맛있는 주니어 중국어 1

1 대화가 이루어질 수 있도록 연결하고, 알맞은 단어도 써 넣으세요.

① 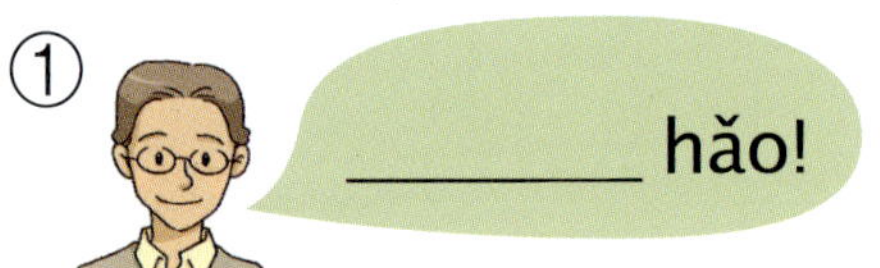

·   ·

② 

·   ·

③ 

·   ·

2 다음 문장에서 틀린 발음을 바르게 고치세요.

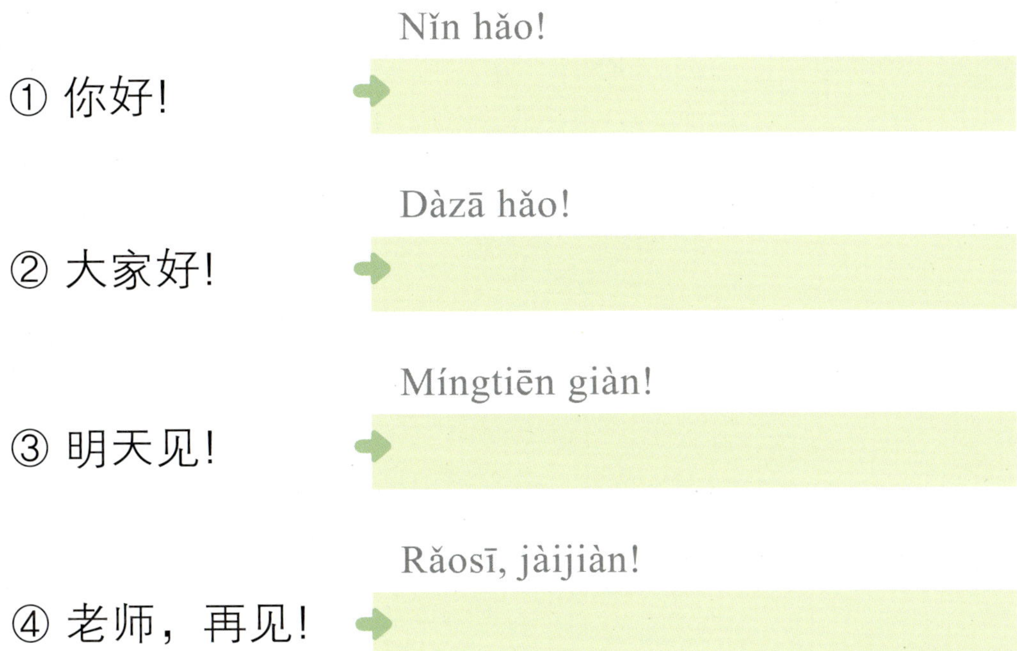

Nǐn hǎo!

① 你好! ➤

Dàzā hǎo!

② 大家好! ➤

Míngtiēn giàn!

③ 明天见! ➤

Rǎosī, jàijiàn!

④ 老师，再见! ➤

3 다음 문장을 한국어 해석과 연결하세요.

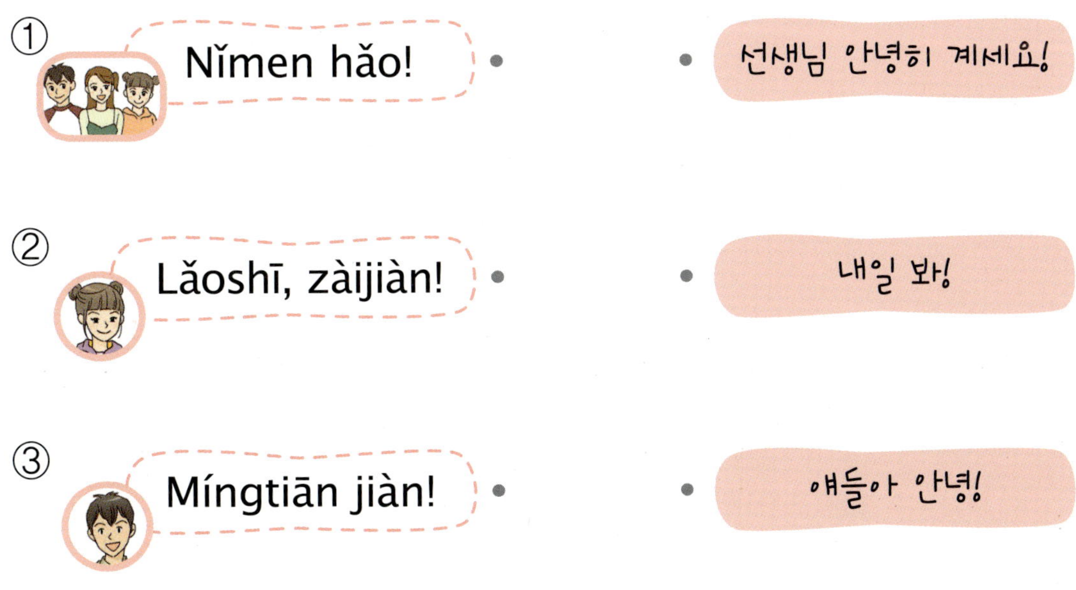

1과 老师好!

4 다음 글자들을 연결하여 단어를 완성해 보세요.

5 다음 해석에 맞게 주어진 단어들을 순서에 맞춰 써 보세요.

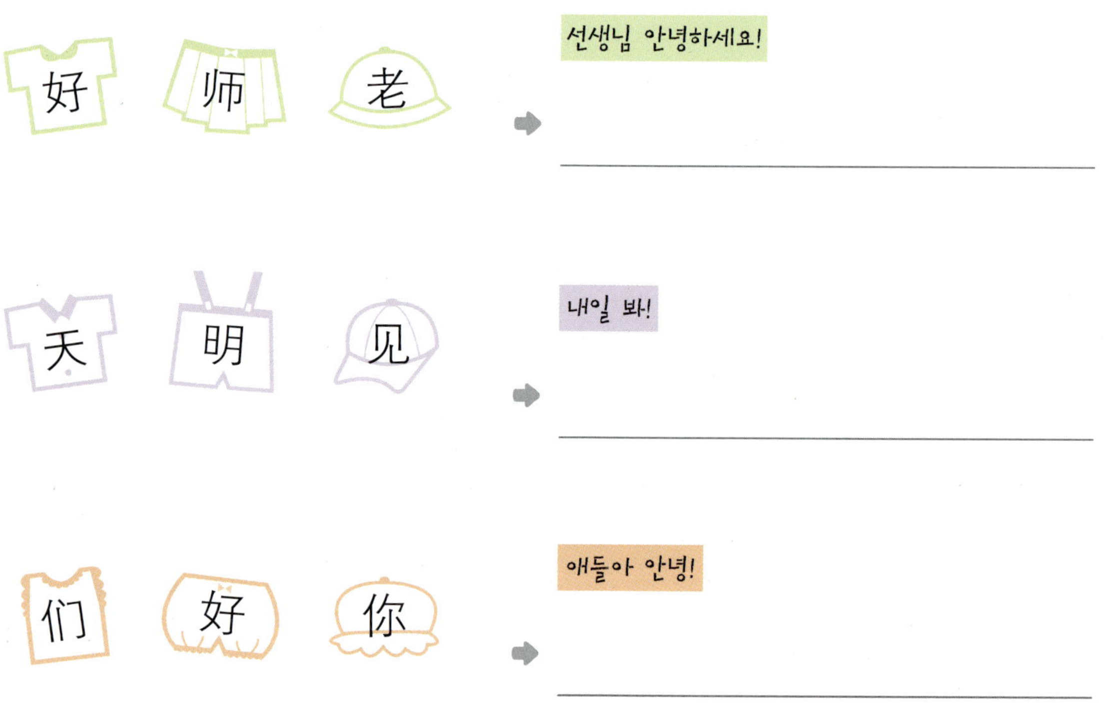

맛있는 주니어 중국어 1 학교가기

6 다음 글자들을 큰 소리로 읽으며 써 보세요.

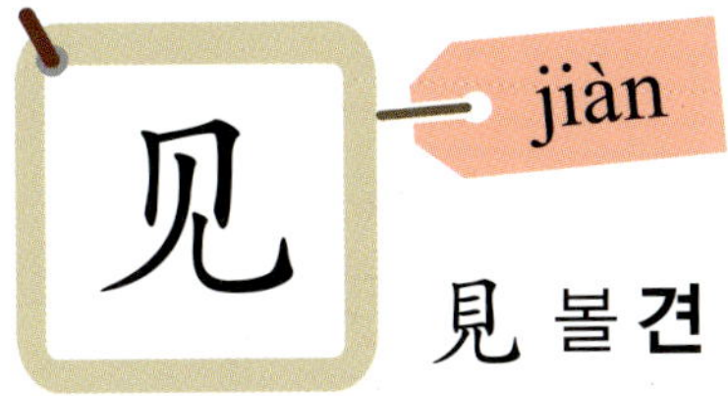

shī

师 스승 **사**

| ㇑ ㇓ ㇗ ㇘ ㇘ 师 | | | | |

师 | | | | |

jiàn

见 볼 **견**

| ㇑ ㄇ 贝 见 | | | | |

见 | | | | |

nǐ

你 너 **니**

| ㇓ ㇒ 亻 亻 伫 你 你 | | | | |

你 | | | | |

men

们 들 **문**

| ㇓ ㇒ 亻 们 们 | | | | |

们 | | | | |

nín

您 당신 **이**

| ㇓ ㇒ 亻 伫 伫 你 你 你 您 您 您 | | | | |

您 | | | | |

老师好!

너는 이름이 뭐니?

你叫什么名字?

Nǐ jiào shénme míngzi?

1 대화가 이루어질 수 있도록 연결하고, 알맞은 단어도 써 넣으세요.

① 

② 

③ 

2 다음 문장에서 틀린 발음을 바르게 고치세요.

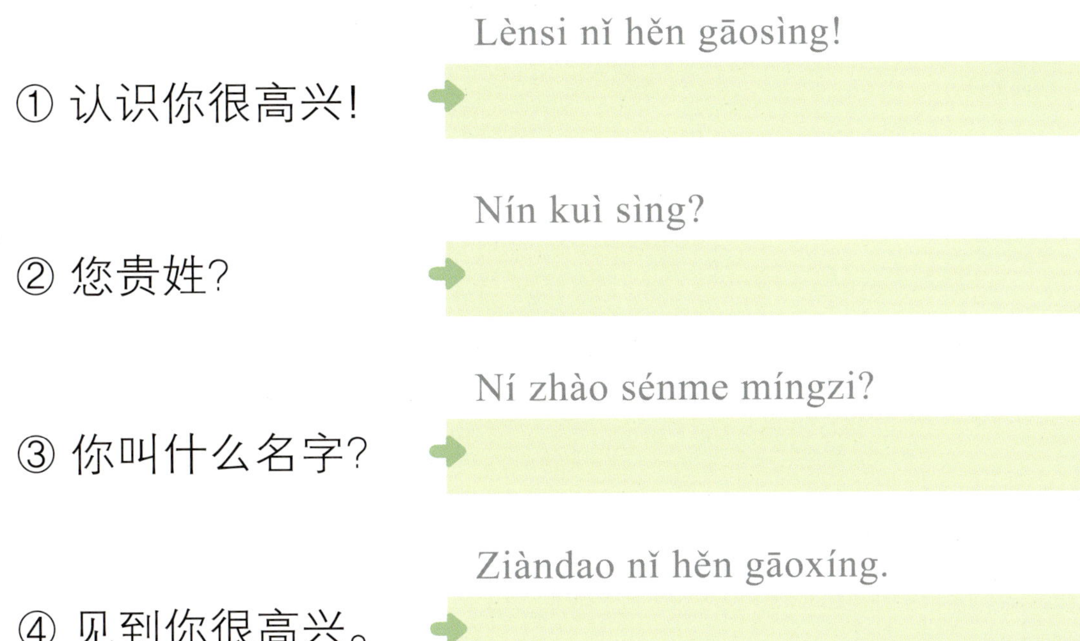

3 다음 문장을 한국어 해석과 연결하세요.

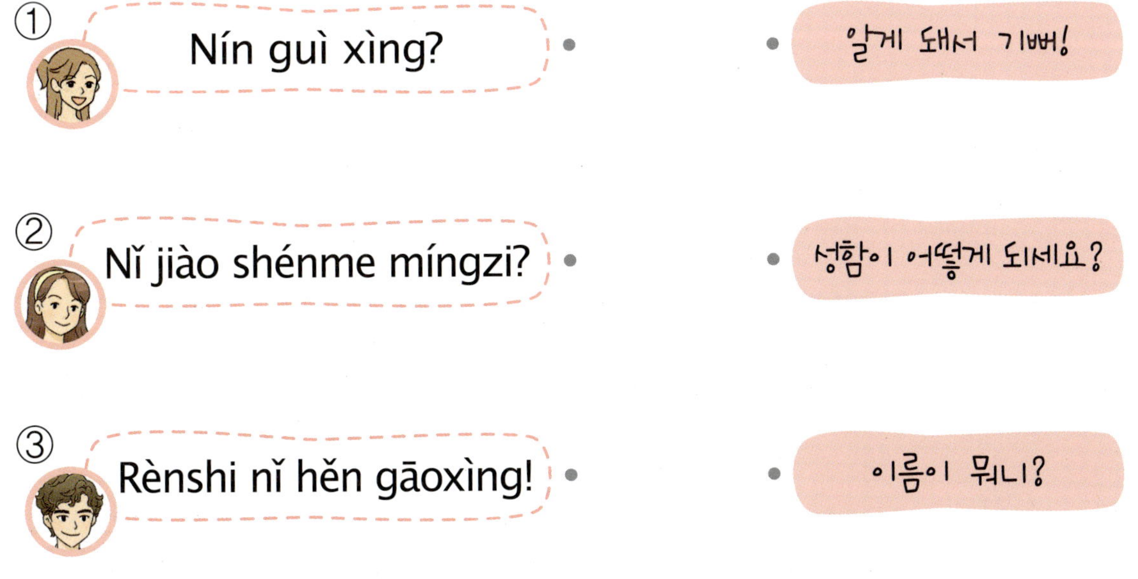

2과 你叫什么名字?

4 다음 글자들을 연결하여 단어를 완성해 보세요.

5 다음 해석에 맞게 주어진 단어들을 순서에 맞춰 써 보세요.

6 다음 글자들을 큰 소리로 읽으며 써 보세요.

me	ノ 厶 么
么 麼 어찌 **마**	么

rèn	丶 讠 订 认
认 認 알 **인**	认

shí	丶 讠 订 识 识 识 识
识 識 알 **식**	识

guì	丶 口 口 串 虫 串 串 贵 贵
贵 貴 귀할 **귀**	贵

xìng	丶 丷 丷 兴 兴 兴
兴 興 일어날 **흥**	兴

그는 누구니?

他是谁？
Tā shì shéi?

1 대화가 이루어질 수 있도록 연결하고, 알맞은 단어도 써 넣으세요.

① 

② 

③ 

 다음 문장에서 틀린 발음을 바르게 고치세요.

Tā shǐ Hángguólén.

① 她是韩国人。

Wǒ xì Jōngguólén.

② 我是中国人。

Wǒmēn xì shuéshēng.

③ 我们是学生。

Tāmen xì xéi?

④ 他们是谁？

3 다음 문장을 한국어 해석과 연결하세요.

① Wǒ shì Hánguórén, nǐ ne?

그들은 누구니?

② Wǒmen shì xuésheng.

우리는 학생입니다.

③ Tāmen shì shéi?

난 한국인이야, 너는?

4 다음 글자들을 연결하여 단어를 완성해 보세요.

5 다음 해석에 맞게 주어진 단어들을 순서에 맞춰 써 보세요.

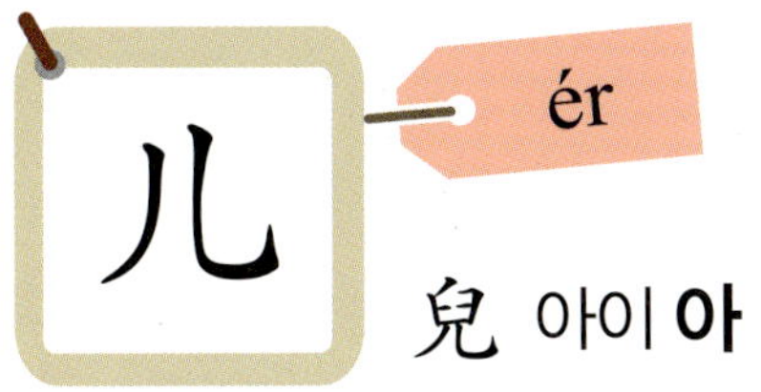

shéi

誰 누구 **수**

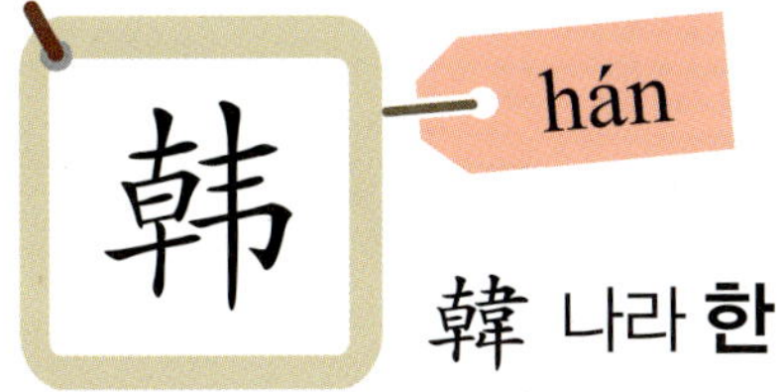

ér

兒 아이 **아**

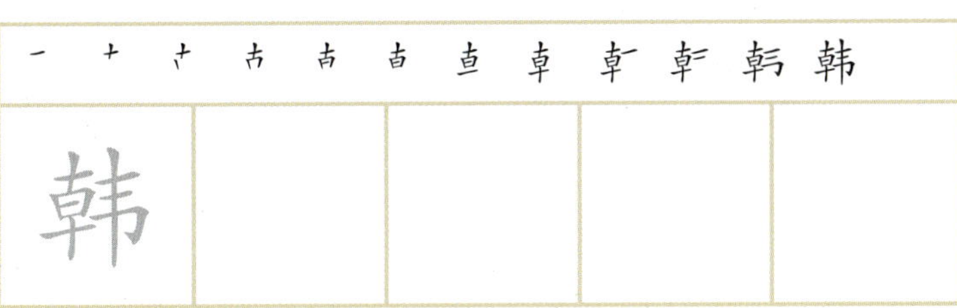

hán

韓 나라 **한**

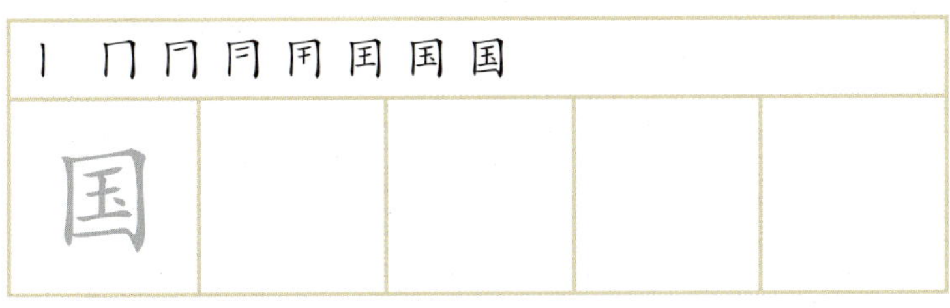

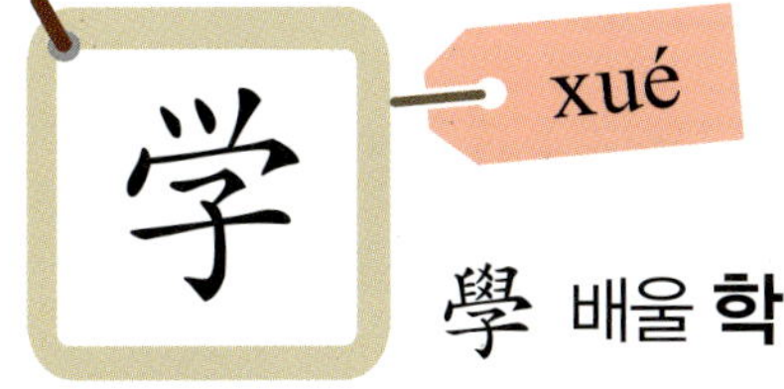

guó

國 나라 **국**

xué

學 배울 **학**

3과 他是谁?

1 대화가 이루어질 수 있도록 연결하고, 알맞은 단어도 써 넣으세요.

① 

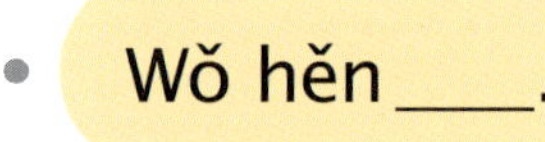

② 

③

맛있는 주니어 중국어 1  학교가기

2 다음 문장에서 틀린 발음을 바르게 고치세요.

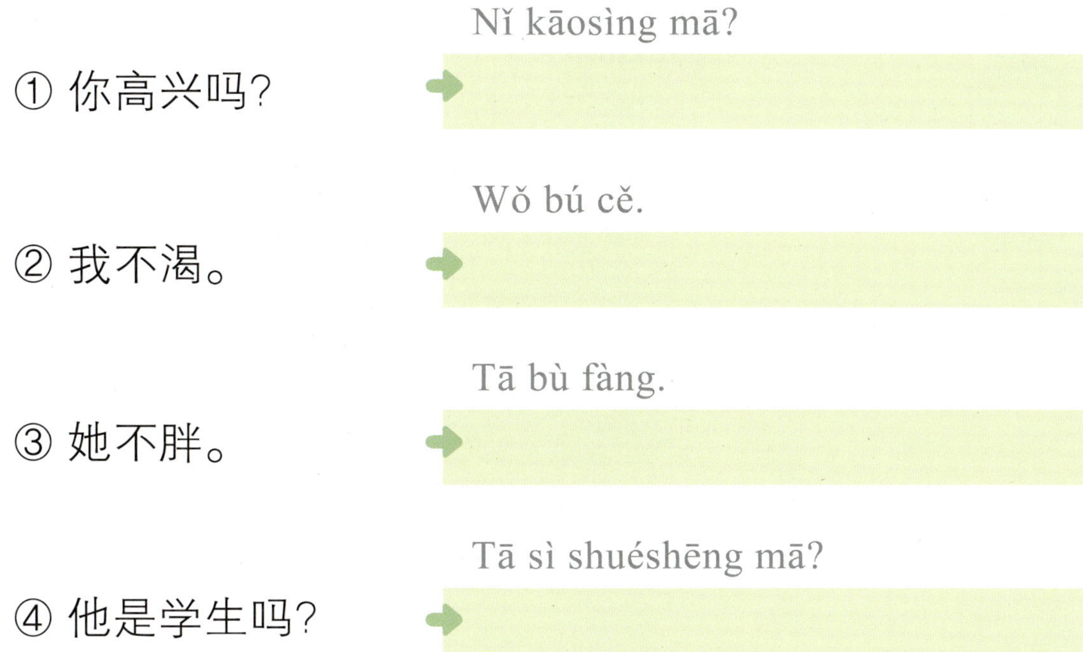

Nǐ kāosìng mā?

① 你高兴吗？　→

Wǒ bú cě.

② 我不渴。　→

Tā bù fàng.

③ 她不胖。　→

Tā sì shuéshēng mā?

④ 他是学生吗？　→

3 다음 문장을 한국어 해석과 연결하세요.

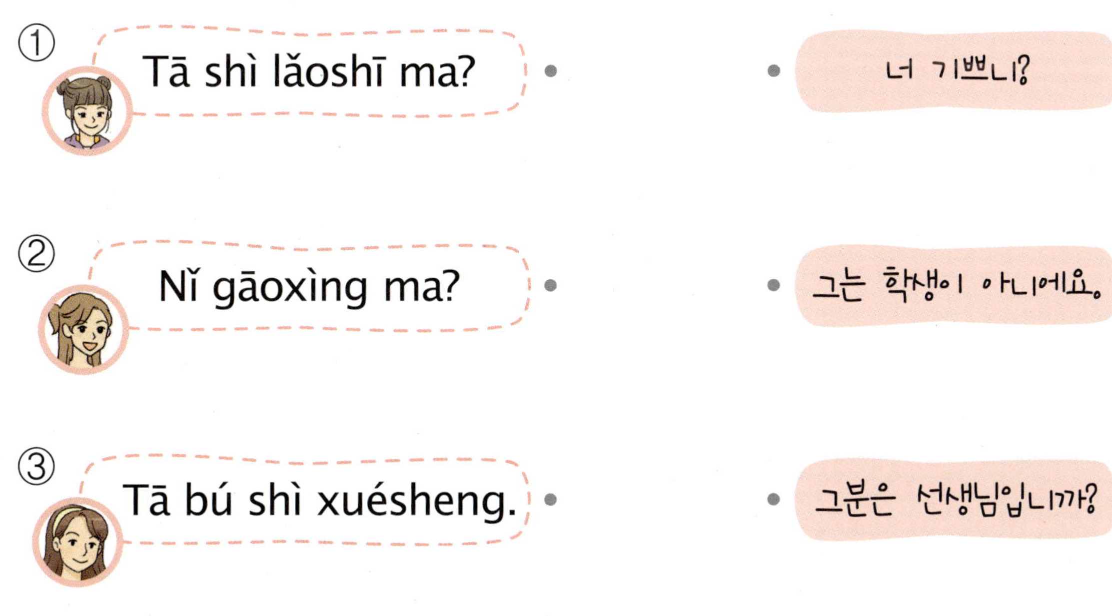

4과 你忙吗？

4 다음 글자에 맞는 한어병음과 뜻을 연결하고 각각 써 보세요.

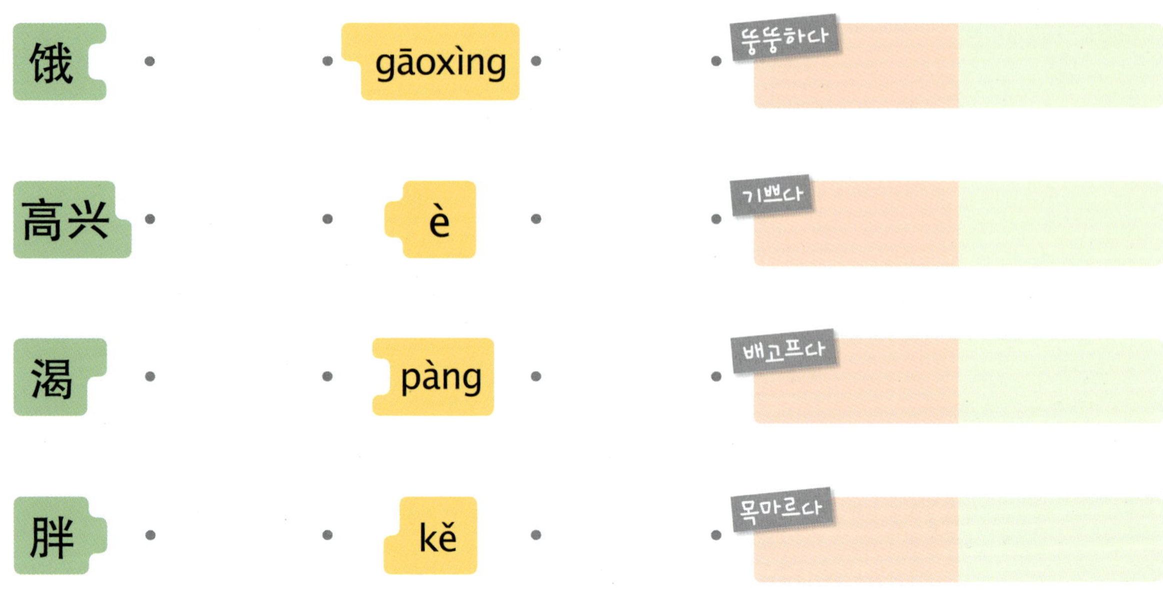

5 다음 해석에 맞게 주어진 단어들을 순서에 맞춰 써 보세요.

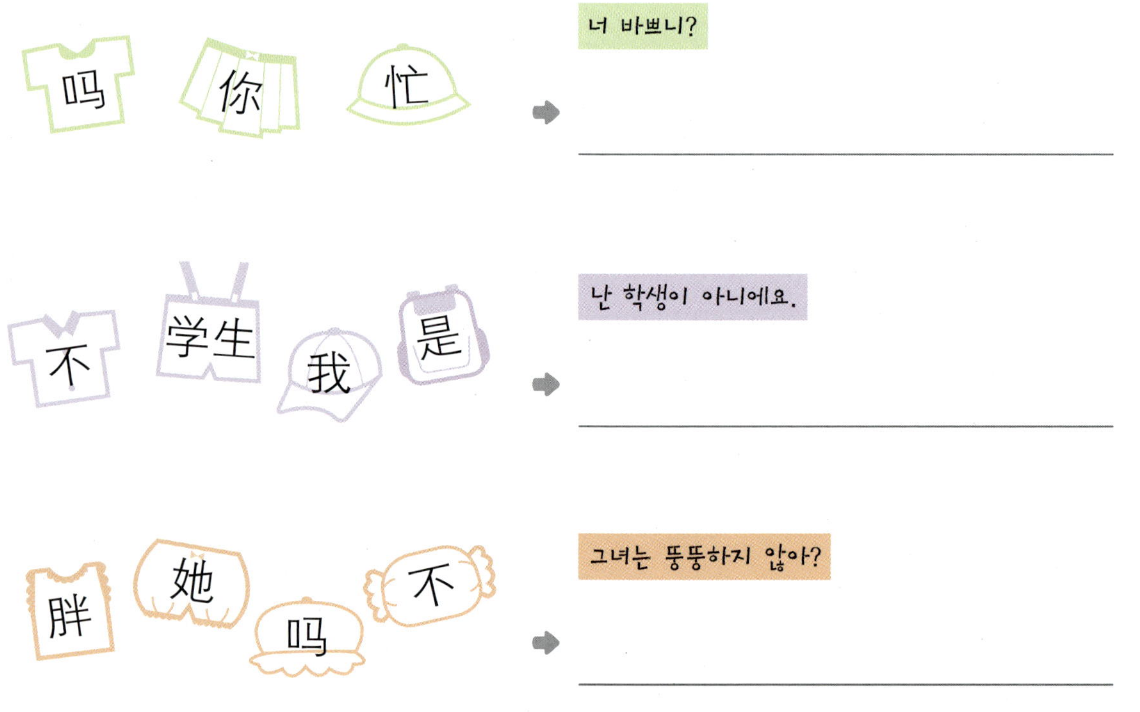

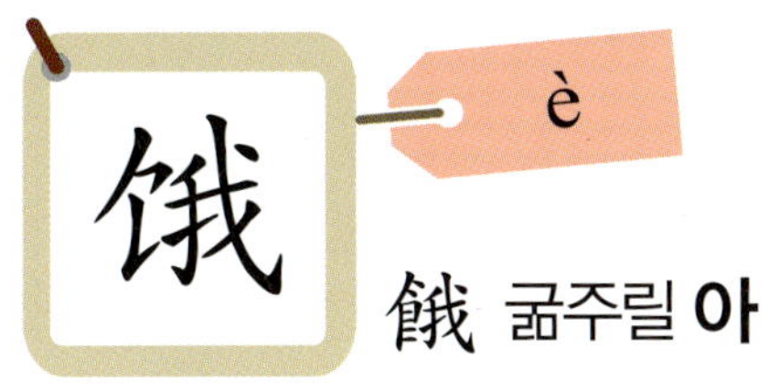

ma

吗
嗎 꾸짖을 **마**

丶 口 口 叮 吗 吗

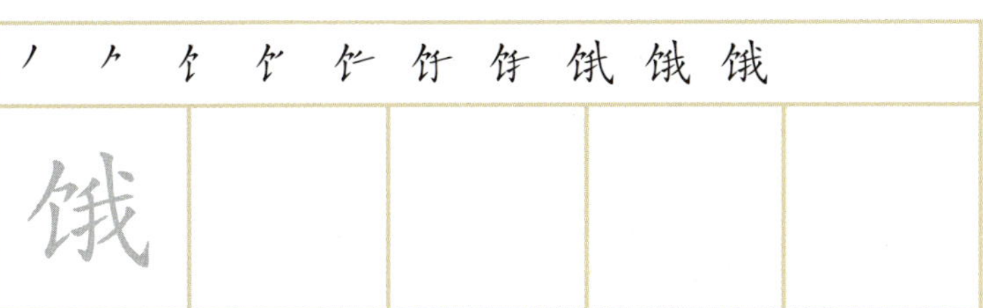

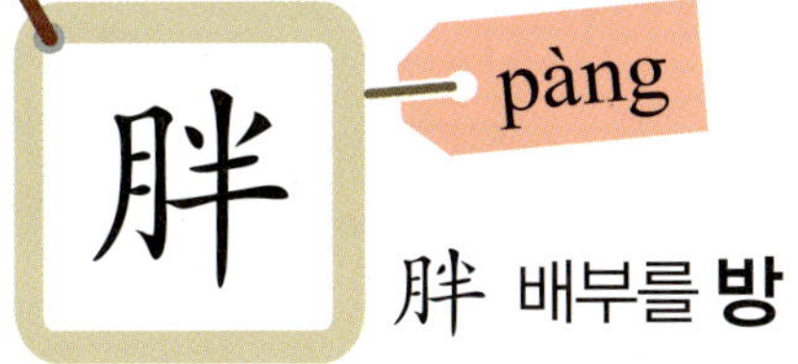

è

饿
餓 굶주릴 **아**

丿 夂 饣 饣 饣 饣 饣 饿 饿 饿

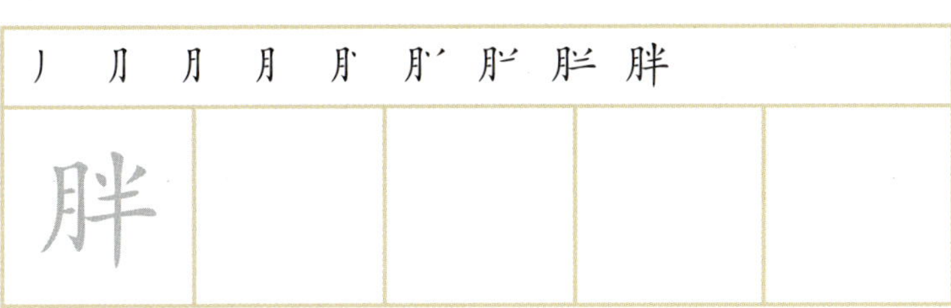

pàng

胖
胖 배부를 **방**

丿 丿 月 月 月 肜 肜 胖 胖

累

lèi

累
累 묶을 **루**

丿 口 口 曰 田 甲 里 累 累 累 累

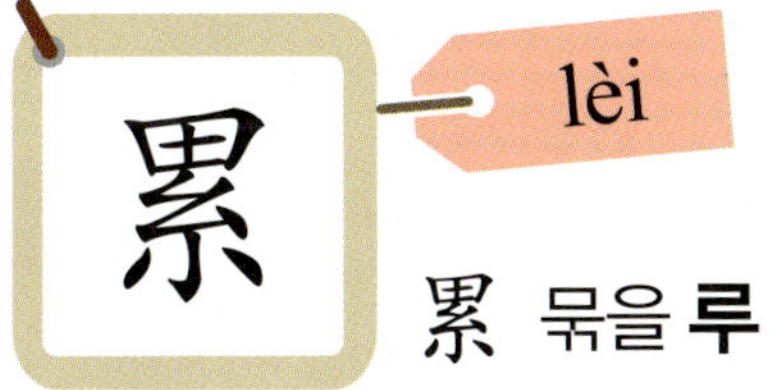

kě

渴
渴 목마를 **갈**

丶 丶 丶 氵 氵 沪 沪 沪 沪 渴 渴 渴 渴

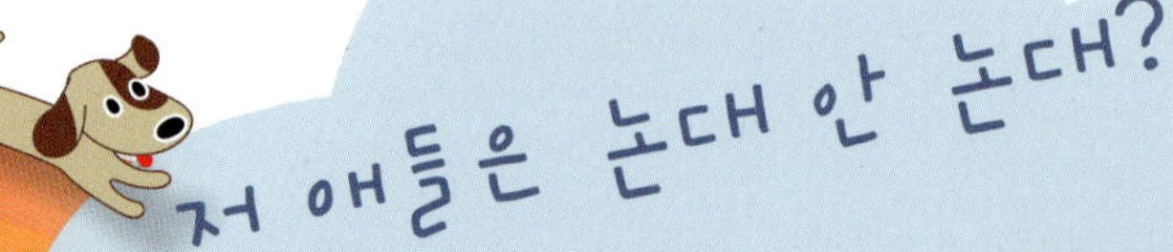

他们玩儿不玩儿?

Tāmen wánr bu wánr?

1 그림을 보고 질문에 맞는 대답을 연결하세요.

① 

② 

③ 

맛있는 쥬니어 중국어 1 학교가기

 다음 문장에서 틀린 발음을 바르게 고치세요.

Tāman wál bù wál?

① 他们玩儿不玩儿？ ➜

Wǒman bú mài.

② 我们不买。 ➜

Wǒman dǒu zīdáo.

③ 我们都知道。 ➜

Tāman lài bú lài?

④ 他们来不来？ ➜

3 다음 문장을 한국어 해석과 연결하세요.

①  Wǒmen dōu bú è. •　　• 그들은 모두 놀 거야.

② Nǐ qù bu qù? •　　• 우리는 모두 배 안 고파.

③ Tāmen dōu wánr. •　　• 넌 갈 거야 안 갈 거야?

4 다음 글자에 맞는 한어병음과 뜻을 연결하고 각각 써 보세요.

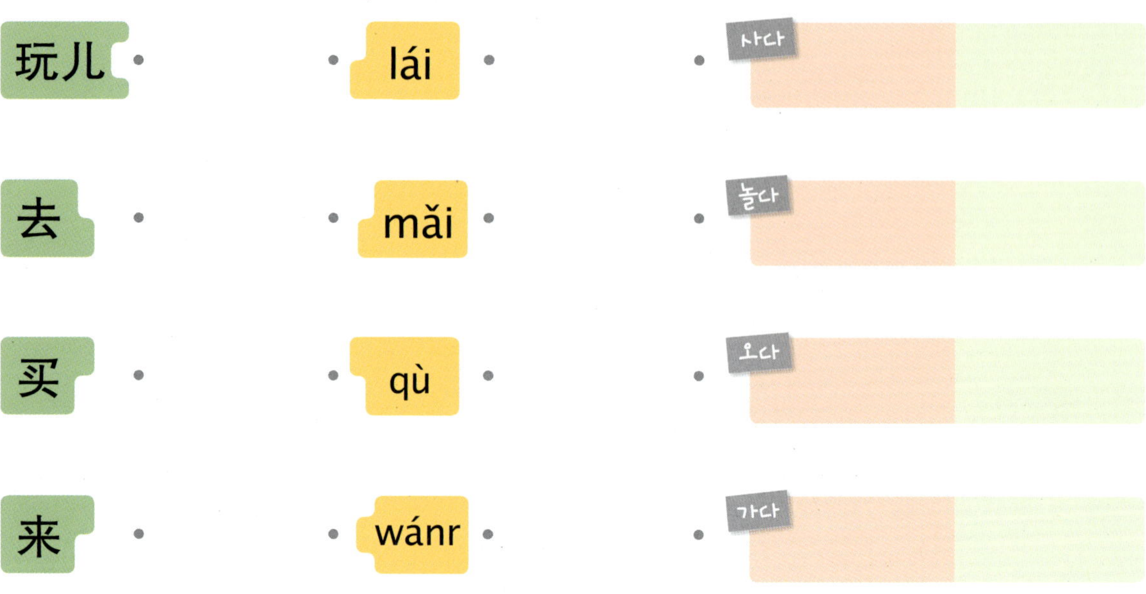
玩儿
去
买
来
lái
mǎi
qù
wánr
사다
놀다
오다
가다

5 다음 해석에 맞게 주어진 단어들을 순서에 맞춰 써 보세요.

买 我们 不
우리는 안 사요.

不 都 知道 他们
그들은 모두 몰라요.

是 她 学生 不是
그녀는 학생이니 아니니?

6 다음 글자들을 큰 소리로 읽으며 써 보세요.

wán	一 二 干 王 王 王 玩 玩
玩　玩 놀**완**	玩

dōu	一 十 土 少 耂 者 者 者 都 都
都　都 도읍**도**	都

mǎi	一 一 一 一 二 买 买
买　買 살**매**	买

lái	一 一 一 一 一 平 来 来
来　來 올**래**	来

qù	一 十 土 去 去
去　去 갈**거**	去

너 뭐 하니?

你做什么？

Nǐ zuò shénme?

대화가 이루어질 수 있도록 연결하고, 알맞은 단어도 써 넣으세요.

① 

② 

③ 

Wǒ sué Hánǔ.

① 我学汉语。 →

Tā wál diǎnnào.

② 他玩儿电脑。 →

Wǒ cán Jōngguó diǎnìng.

③ 我看中国电影。 →

Tā mài sénme yìfú?

④ 她买什么衣服？ →

3 다음 문장을 한국어 해석과 연결하세요.

① Nǐ kàn shénme diànyǐng?　　　•　　•　난 한국노래를 들어.

② Wǒ tīng Hánguógē.　　　•　　•　그는 컴퓨터를 해.

③ Tā wánr diànnǎo.　　　•　　•　너 무슨 영화 보니?

6과 你做什么？

 다음 글자에 맞는 한어병음과 뜻을 연결하고 각각 써 보세요.

5 다음 해석에 맞게 주어진 단어들을 순서에 맞춰 써 보세요.

饼	bǐng

餅 떡 **병**

丿 亻 饣 饣 饣 饣 饣 饼 饼

| 饼 | | | | |

电	diàn

電 번개 **전**

丨 冂 冂 日 电

| 电 | | | | |

脑	nǎo

腦 머리 **뇌**

丿 刀 月 月 月 肜 肜 胶 脑 脑

| 脑 | | | | |

影	yǐng

影 그림자 **영**

丨 冂 日 日 旦 昌 昌 昌 景 景 景 影 影 影

| 影 | | | | |

听	tīng

聽 들을 **청**

丨 冂 口 叮 听 听 听

| 听 | | | | |

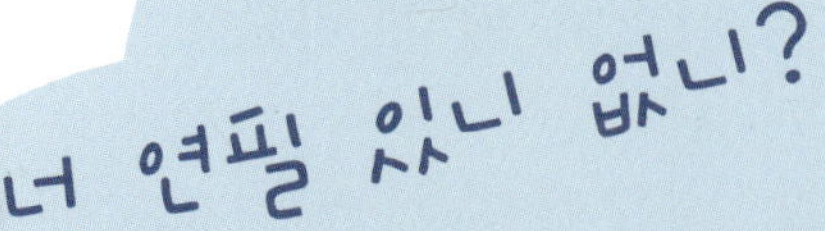

너 연필 있니 없니?

你有没有铅笔？

Nǐ yǒu méiyǒu qiānbǐ?

1 질문에 맞는 대답을 연결한 후, 그림을 보고 빈칸을 채워 보세요.

① 

② 

③ 

빈칸에 한자 또는 병음을 채워 보세요.

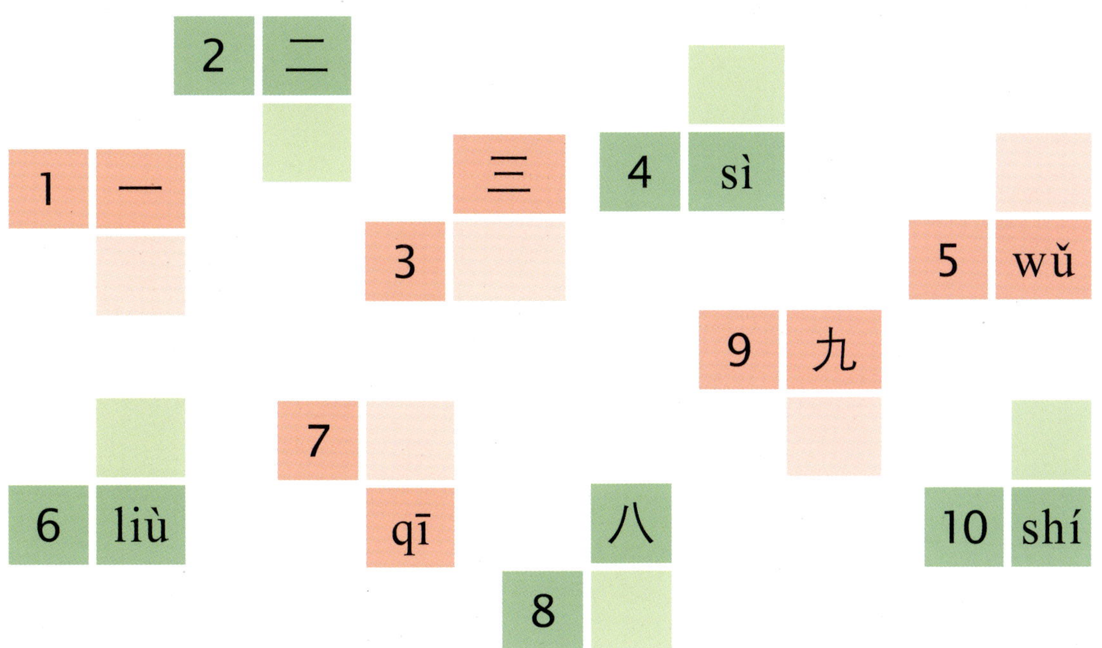

3 다음 문장을 한국어 해석과 연결하세요.

① Nǐ yǒu méiyǒu nǚ péngyou?

② Tā chī liǎng wǎn fàn.

③ Nǐ mǎi jǐ jiàn yīfu?

그는 밥 두 그릇을 먹어.

너 여자 친구 있어 없어?

너 옷 몇 벌 사니?

 다음 글자에 맞는 한어병음과 뜻을 연결하고 각각 써 보세요.

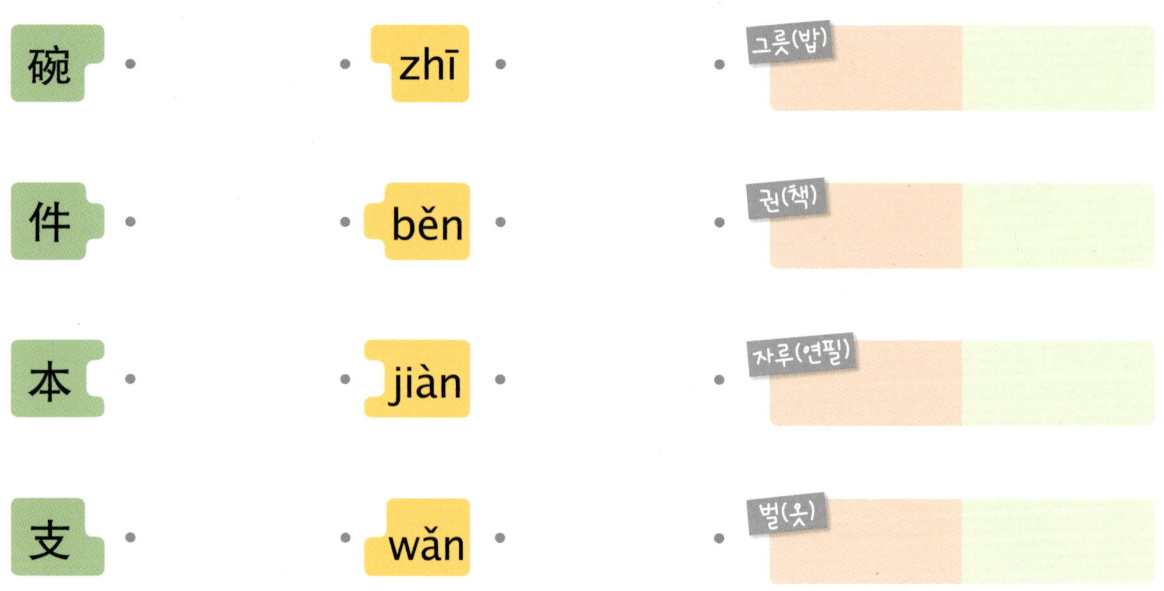

 다음 해석에 맞게 주어진 단어들을 순서에 맞춰 써 보세요.

6 다음 글자들을 큰 소리로 읽으며 써 보세요.

铅 qiān 鉛 납 **연**	ノ ト ト ╘ 钅 钅 钆 钆 铅 铅 铅	
几 jǐ 幾 몇 **기**	ノ 几 几	
机 jī 機 기계 **기**	一 十 才 木 札 机 机	
饭 fàn 飯 밥 **반**	ノ ⺈ ⻌ 饣 饣 饭 饭 饭	
书 shū 書 책 **서**	⁊ ⁊ 书 书 书	

1 질문에 맞는 대답을 연결한 후, 그림을 보고 빈칸을 채워 보세요.

① 

② 

③ 

 **2** 다음 문장에서 어색한 부분을 바르게 고치세요.

① 我家有五位人。 우리 집은 다섯 식구가 있어요.

　➥

② 我有二个哥哥。 나는 형이 두 명 있어요.

　➥

③ 你们学校有几口老师? 너희 학교에는 몇 분의 선생님이 계시니?

　➥

④ 有爸爸和妈妈和姐姐和我。 아빠, 엄마, 누나, 그리고 제가 있어요.

　➥

 **3** 다음 문장을 한국어 해석과 연결하세요.

①  Nǐ jiā dōu yǒu shéi?　·　　·　너는 형이 몇 명 있니?

②  Nǐ yǒu jǐ ge gēge?　·　　·　그는 중국어와 영어를 배워.

③ Tā xué Hànyǔ hé Yīngyǔ.　·　　·　너희 집엔 모두 누가 계시니?

8과 你家有几口人?

 다음 글자에 맞는 한어병음과 뜻을 연결하고 각각 써 보세요.

5 다음 해석에 맞게 주어진 단어들을 순서에 맞춰 써 보세요.

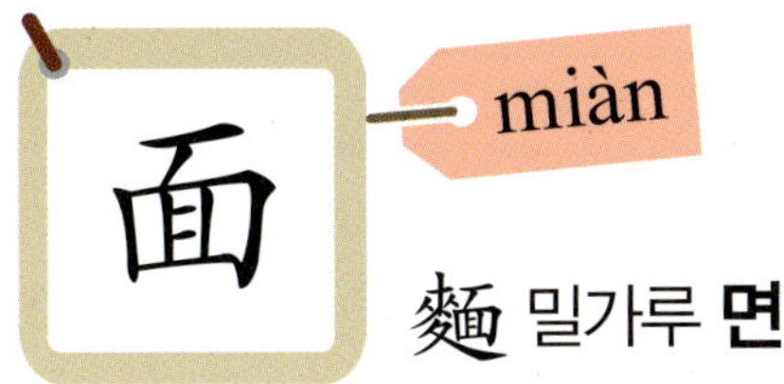

媽 어미 **마**

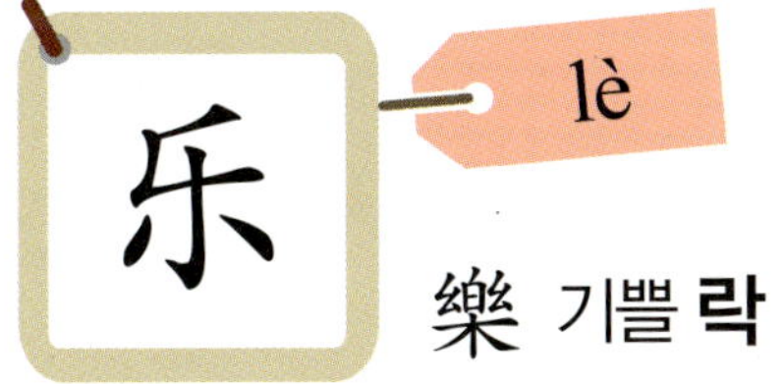

麵 밀가루 **면**

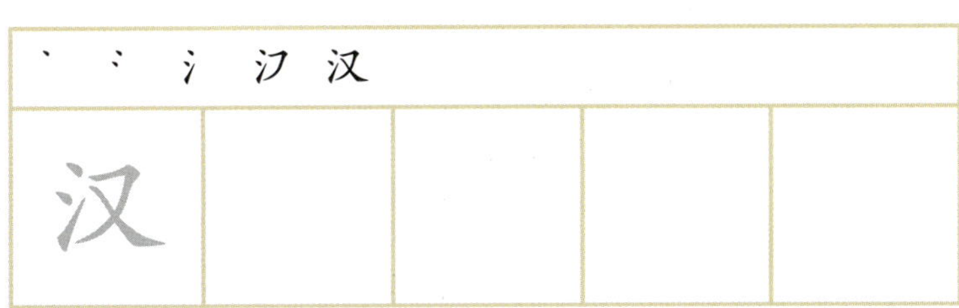

樂 기쁠 **락**

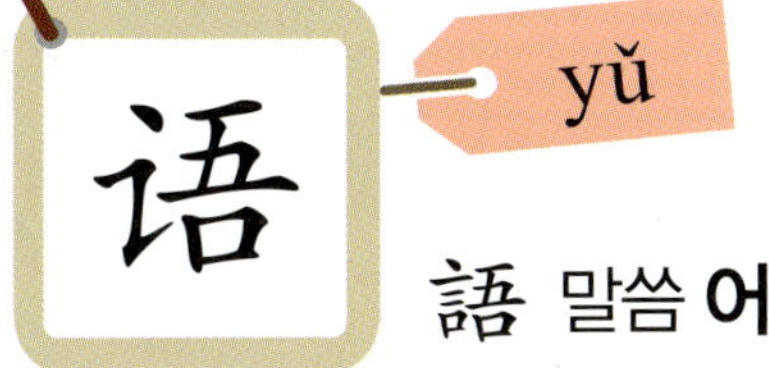

漢 한나라 **한**

語 말씀 **어**

8과 你家有几口人?

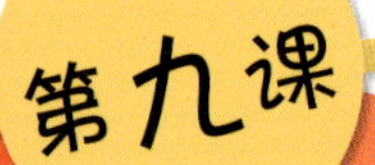

그건 뭐야?

那是什么？
Nà shì shénme?

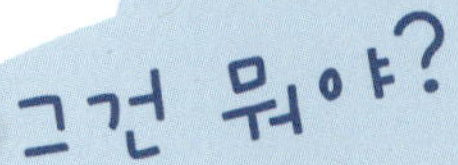

1 다음 그림을 보고 질문에 맞는 대답을 연결하세요.

① 

② 

③ 

우리말 해석을 보고 빈칸에 알맞은 한자를 써 보세요.

① ☐ 是什么?　➡ 이건 뭐야?

② ☐☐ 很好吃。　➡ 그거 아주 맛있어.

③ 你 ☐ 衣服很漂亮。　➡ 네 옷 아주 예쁘다.

④ ☐ 是很贵 ☐ 。　➡ 이거 아주 비싼 거야.

3 다음 문장을 한국어 해석과 연결하세요.

① Nǐ mǎi bu mǎi zhè běn shū?　　이 인형 아주 예쁘다.

② Nà shì shéi zuò de cài?　　너 이 책 살래 안 살래?

③ Zhè ge wáwa hěn piàoliang.　　그건 누가 만든 요리야?

9과 ▸ 那是什么?

4 뜻이 통하도록 글자를 연결하고 빈칸에 한자와 발음을 직접 써 보세요.

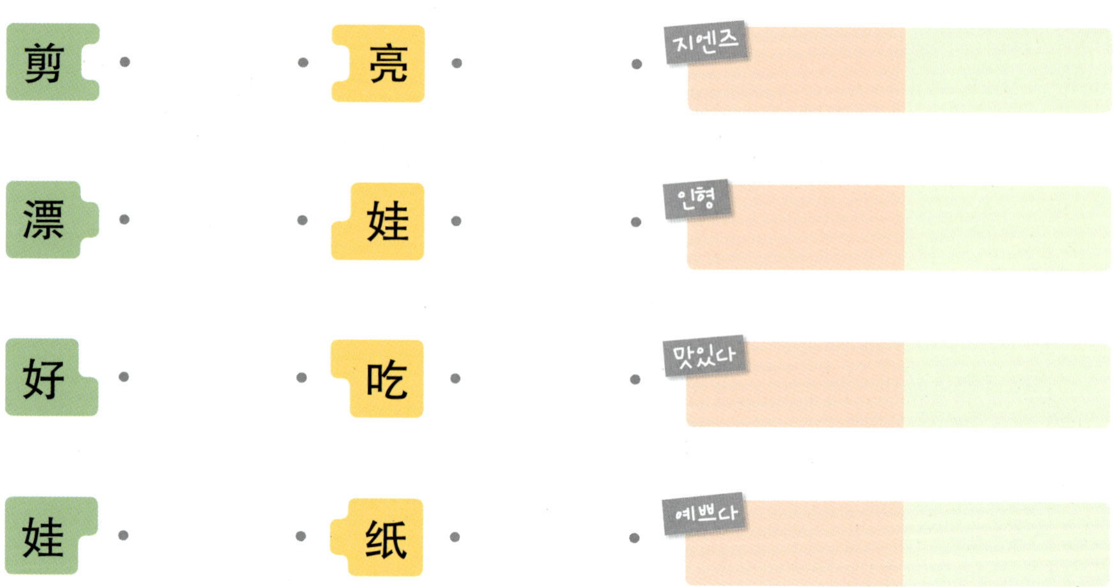

5 다음 해석에 맞게 주어진 단어들을 순서에 맞춰 써 보세요.

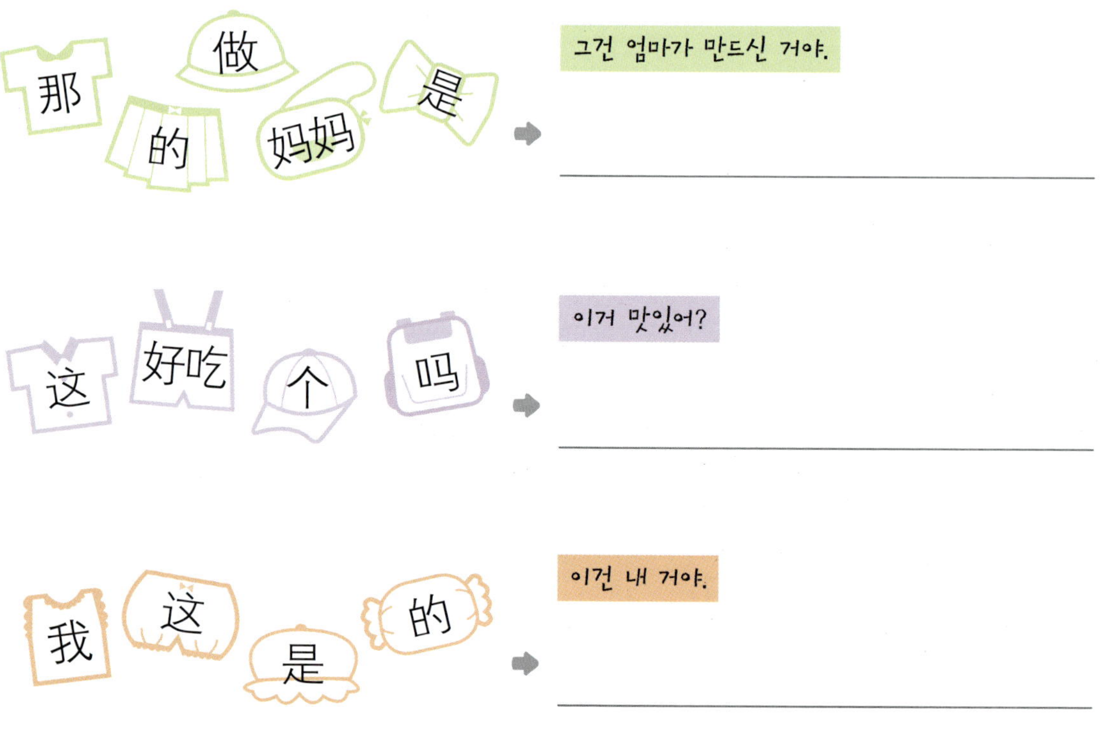

6 다음 글자들을 큰 소리로 읽으며 써 보세요.

这 — zhè
這 이 **저**

丶 亠 亠 宀 文 文 这 这				
这				

那 — nà
那 어찌 **나**

刁 ヲ ヨ 尹 那 那				
那				

剪 — jiǎn
剪 자를 **전**

丶 丷 亠 广 芍 芀 前 前 前 剪 剪				
剪				

纸 — zhǐ
纸 종이 **지**

乚 纟 纟 纟 纟 纸 纸				
纸				

好 — hǎo
好 좋을 **호**

乚 乚 女 好 好 好				
好				

1 질문에 맞는 대답을 연결한 후, 그림을 보고 빈칸을 채워 보세요.

① 

②

③ 

맛있는 쥬니어 중국어 1　학교가기

2 우리말 해석을 보고 빈칸에 알맞은 한자를 써 보세요.

① 你 ☐ 学校吗?   ➡ 너 학교 가니?

② 她 ☐ 饭馆儿。   ➡ 그녀는 식당에 있어.

③ 爷爷在 ☐ ☐ ?   ➡ 할아버지 어디 계시니?

④ 妈妈 ☐ ☐ 医院。   ➡ 엄마는 병원에 안 계셔.

3 다음 문장을 한국어 해석과 연결하세요.

① Bù, wǒ qù bǔxíbān.   •   •   엄마는 백화점에 가셔.

② Tā zài yùndòngchǎng.   •   •   그는 운동장에 있어.

③ Māma qù bǎihuò shāngdiàn.   •   •   아니, 나 학원에 가.

4 뜻이 통하도록 글자를 연결하고 빈칸에 한자와 발음을 직접 써 보세요.

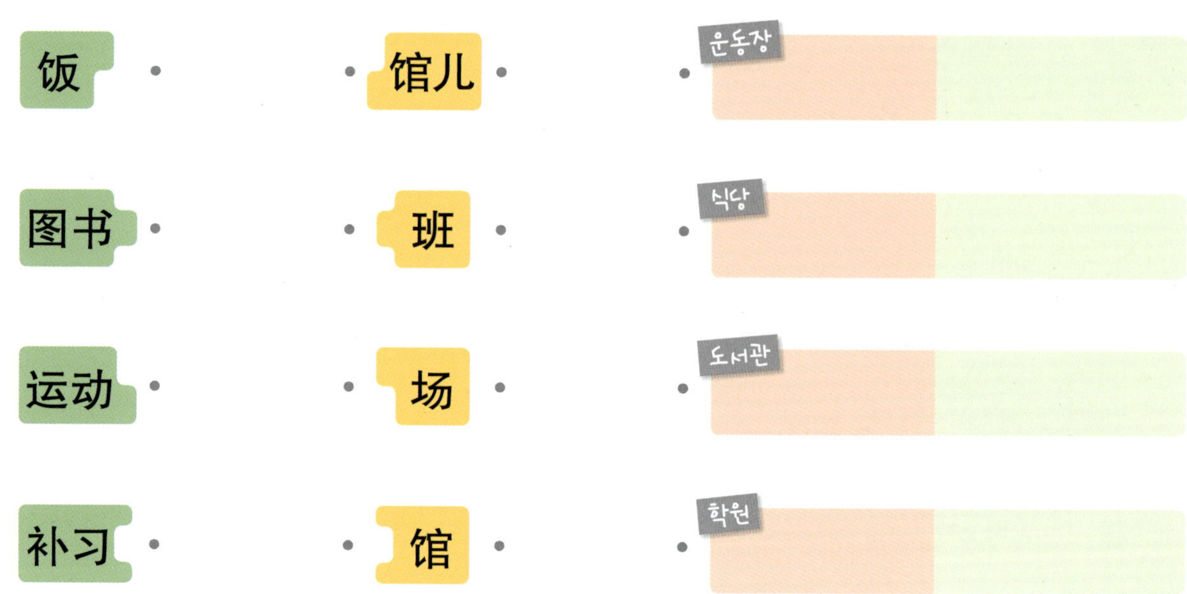

5 다음 해석에 맞게 주어진 단어들을 순서에 맞춰 써 보세요.

6 다음 글자들을 큰 소리로 읽으며 써 보세요.

| 图 | tú
圖 그림 **도** | ｜ 冂 冂 冈 冈 囵 图 图 | 图 | | | |

| 馆 | guǎn
館 집 **관** | ノ 夕 夕 乍 乍 饣 饣 饣 馆 馆 | 馆 | | | |

| 运 | yùn
運 옮길 **운** | 一 二 云 云 运 运 运 | 运 | | | |

| 动 | dòng
動 움직일 **동** | 一 二 云 云 动 动 | 动 | | | |

| 场 | chǎng
場 장소 **장** | 一 十 土 圴 场 场 | 场 | | | |

우리 내일 뭐 하지?

我们明天干什么？
Wǒmen míngtiān gàn shénme?

1 질문에 맞는 대답을 연결한 후, 그림을 보고 빈칸을 채워 보세요.

① 

② 

③ 

2 우리말 해석을 보고 빈칸에 알맞은 한자를 써 보세요.

① 我们 ☐ ☐ 干什么? ➡ 우리 내일 뭐 하지?

② ☐ ☐ 我在家。 ➡ 어제 나 집에 있었어.

③ ☐ ☐ 你吃什么? ➡ 오늘 너 뭐 먹니?

④ 你 ☐ ☐ ☐ ☐ 去哪儿? ➡ 너 내일 오후에 어디 가니?

3 다음 문장을 한국어 해석과 연결하세요.

①
Nǐ měitiān
zǎoshang qù nǎr?

넌 매일 아침에 어디 가니?

②
Zhè shì wǒ qiántiān
mǎi de yīfu.

그녀는 모레 오전에 한국에 와요.

③
Tā hòutiān shàngwǔ
lái Hánguó.

이건 내가 그제 산 옷이야.

11과 我们明天干什么?

뜻이 통하도록 글자를 연결하고 빈칸에 한자와 발음을 직접 써 보세요.

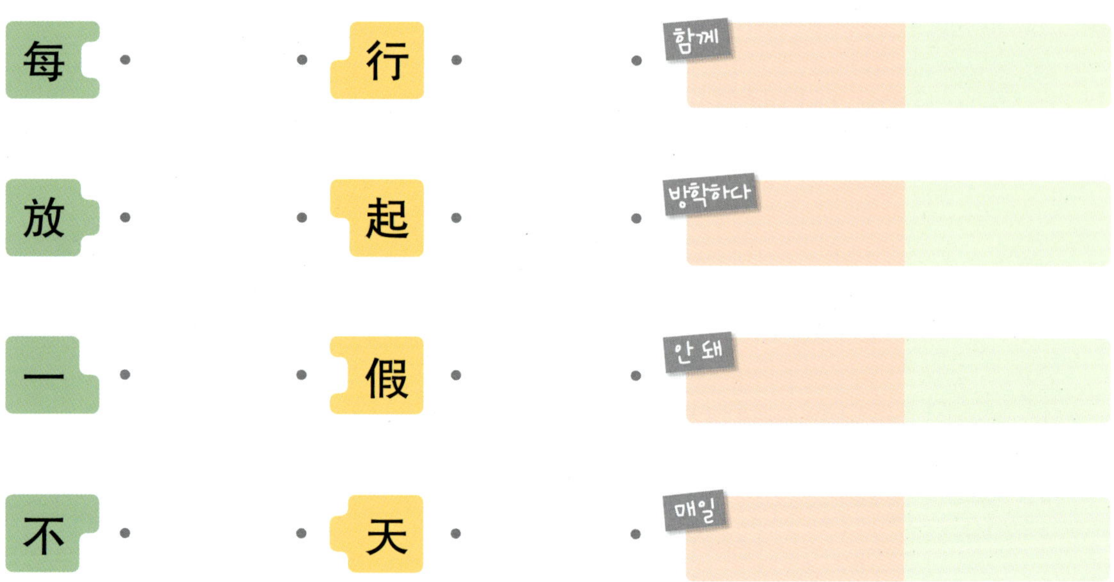

다음 해석에 맞게 주어진 단어들을 순서에 맞춰 써 보세요.

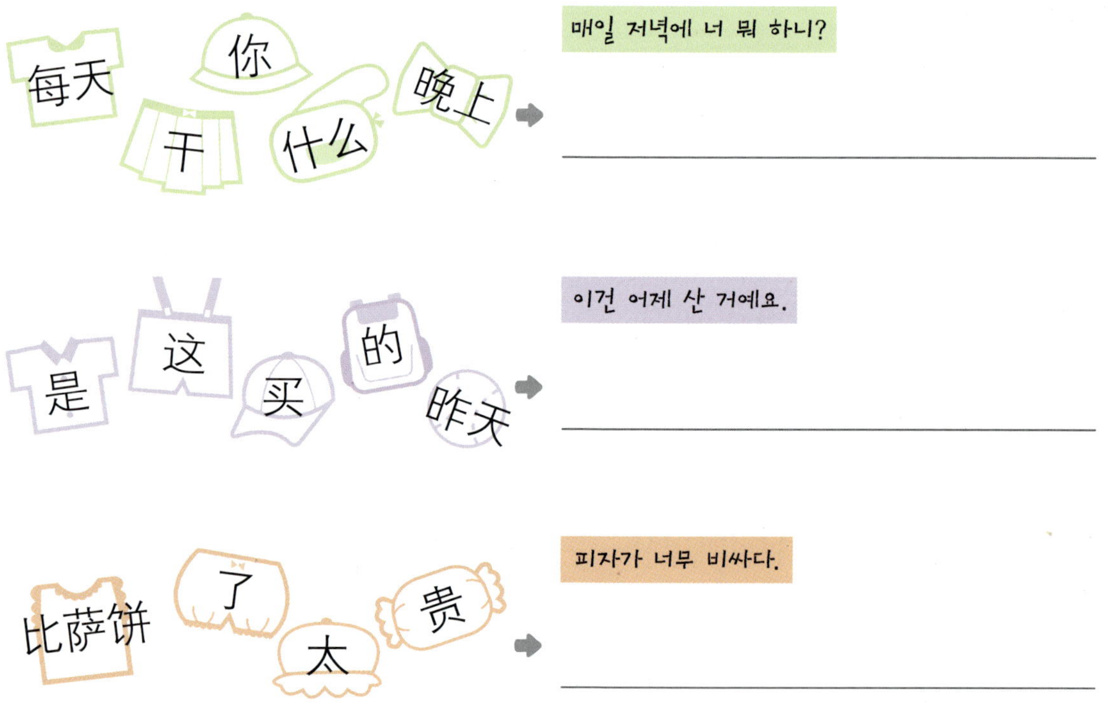

6 다음 글자들을 큰 소리로 읽으며 써 보세요.

医 — yī
一 丁 丆 匹 졸 졷 医
医
醫 의원 **의**

货 — huò
丿 亻 亻 化 化 化 货 货
货
貨 재화 **화**

爱 — ài
爫 爫 爫 爫 爫 爫 爫 爫 爱
爱
愛 사랑 **애**

宝 — bǎo
丶 宀 宀 宀 宇 宇 宝 宝
宝
寶 보배 **보**

园 — yuǎn
丨 冂 冂 冃 冄 园 园
园
園 동산 **원**

이거 주세요

给我们这个
Gěi wǒmen zhè ge

---

1 질문에 맞는 대답을 연결한 후, 그림을 보고 빈칸을 채워 보세요.

① 

② 

③ 

 우리말 해석을 보고 빈칸에 알맞은 한자를 써 보세요.

① 我 ☐ 这本书。　➡ 저는 이 책을 원해요.

② ☐ 个朋友最高?　➡ 어느 친구가 제일 키가 크니?

③ 朋友 ☐ 我礼物。　➡ 친구가 저에게 선물을 줘요.

④ 我 ☐☐ 你面包。　➡ 나 너에게 빵 안 줄 거야.

3 다음 문장을 한국어 해석과 연결하세요.

① Yào nǎ ge bàomǐhuā?　•

② Nǐ gěi bu gěi wǒ miànbāo?　•

③ Shéi gěi nǐ lǐwù?　•

• 누가 너에게 선물을 주니?

• 너 나한테 빵 줄래 안 줄래?

• 어느 팝콘을 원하세요?

4 뜻이 통하도록 글자를 연결하고 빈칸에 한자와 발음을 직접 써 보세요.

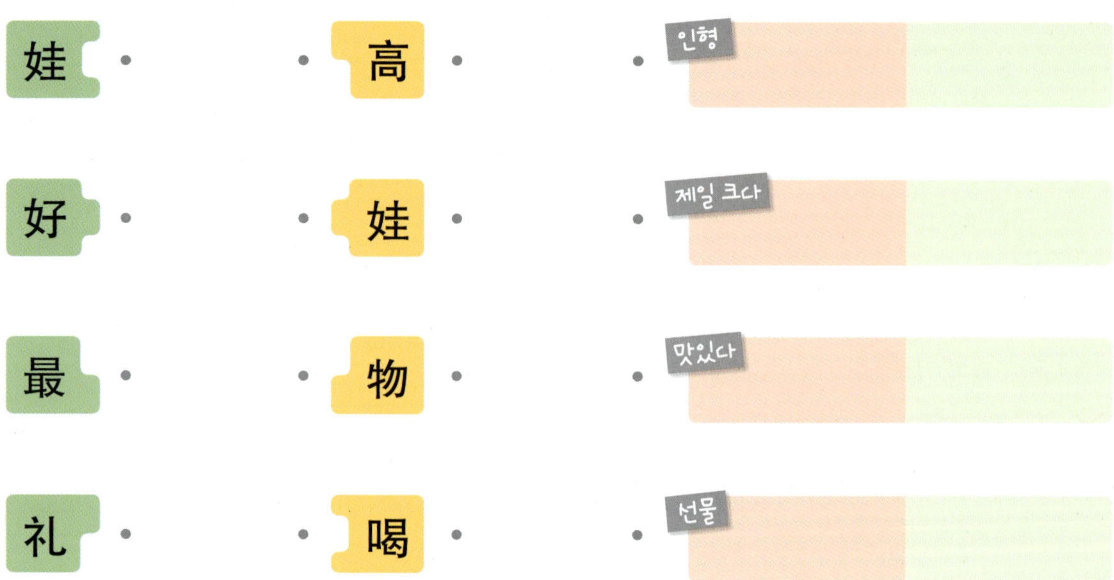

5 다음 해석에 맞게 주어진 단어들을 순서에 맞춰 써 보세요.

6 다음 글자들을 큰 소리로 읽으며 써 보세요.

hòu 后 後 뒤**후**	ˊ ㄏ ㄏ 斤 后 后			
礼 lǐ 禮 예의**예**	ˋ ㄓ ㄤ ㄤ 礼			
杯 bēi 盃 잔**배**	一 十 才 木 木 杧 杦 杯			
个 ge 個 낱**개**	ノ 人 个			
给 gěi 給 더할**급**	ˊ ㄠ ㄠ 纟 纠 纵 纶 给 给			

Work
Book

정답
맛있는 1
주니어 중국어

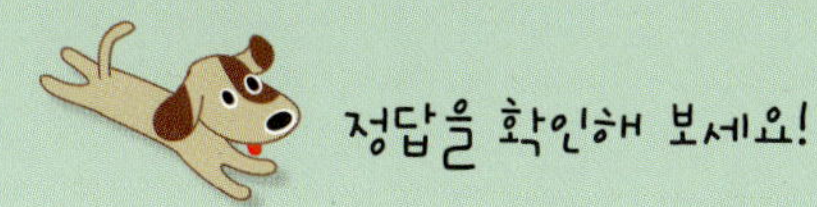

정답을 확인해 보세요!

第一课
선생님 안녕하세요!
老师好!
Lǎoshī hǎo!

1 대화가 이루어질 수 있도록 연결하고, 알맞은 단어도 써 넣으세요.

① Dàjiā hǎo!
Nǐ hǎo!
② Zàijiàn!
Lǎoshī hǎo!
③ Nín hǎo!
Míngtiān jiàn!

8
맛있는 주니어 중국어 1

2 다음 문장에서 틀린 발음을 바르게 고치세요.

① 你好!
Nín hǎo!
→ Nǐhǎo!

② 大家好!
Dàzǎ hǎo!
→ Dàjiā hǎo!

③ 明天见!
Míngtiān giàn!
→ Míngtiān jiàn!

④ 老师，再见!
Ràosī, jàijiàn!
→ Lǎoshī, zàijiàn!

3 다음 문장을 한국어 해석과 연결하세요.

① Nǐmen hǎo!
선생님 안녕히 계세요!
② Lǎoshī, zàijiàn!
내일 봐!
③ Míngtiān jiàn!
얘들아 안녕!

9
老师好!

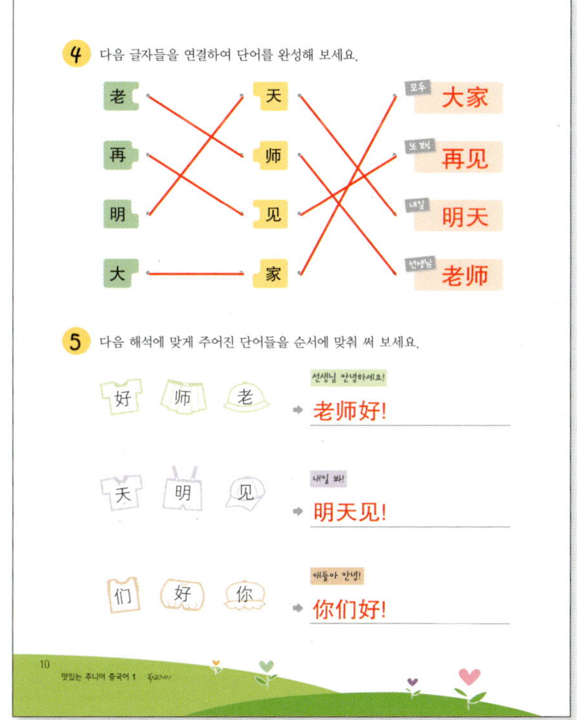

4 다음 글자들을 연결하여 단어를 완성해 보세요.

老
再
明
大

天
师
见
家

모두 大家
또 봄 再见
내일 明天
선생님 老师

5 다음 해석에 맞게 주어진 단어들을 순서에 맞춰 써 보세요.

好 师 老
선생님 안녕하세요!
→ 老师好!

天 明 见
내일 봐!
→ 明天见!

们 好 你
얘들아 안녕!
→ 你们好!

10
맛있는 주니어 중국어 1

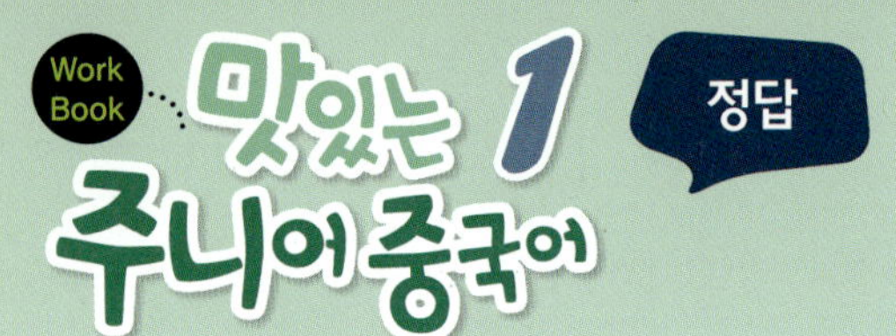
Work Book
맛있는 주니어 중국어 1
정답

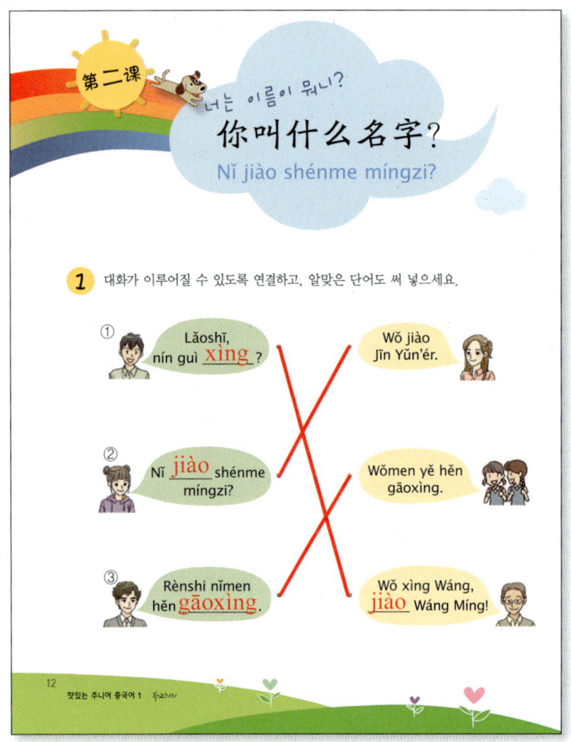
第二课
너는 이름이 뭐니?
你叫什么名字?
Nǐ jiào shénme míngzi?

1 대화가 이루어질 수 있도록 연결하고, 알맞은 단어도 써 넣으세요.

① Lǎoshī, nín guì xing?
Wǒ jiào Jīn Yǔn'ér.

② Nǐ jiào shénme míngzi?
Wǒmen yě hěn gāoxing.

③ Rènshi nǐmen hěn gāoxing.
Wǒ xìng Wáng, jiào Wáng Míng!

12
맛있는 주니어 중국어 1

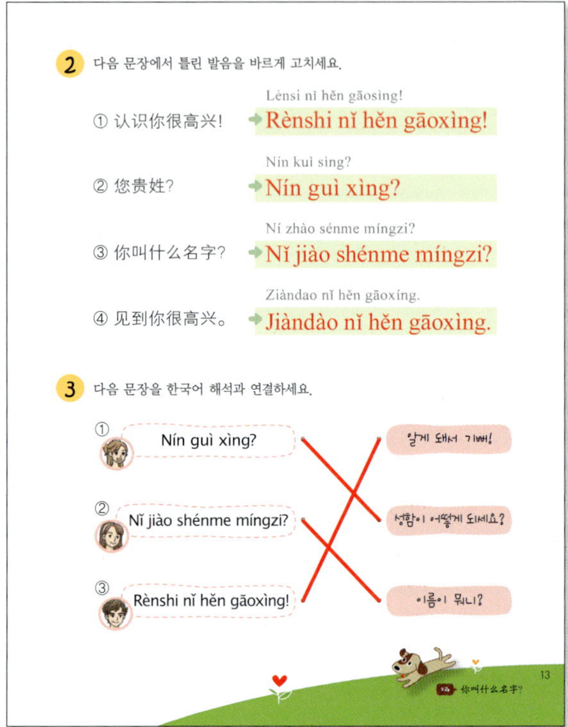
2 다음 문장에서 틀린 발음을 바르게 고치세요.

Lènsi nǐ hěn gāosing!
① 认识你很高兴! → Rènshi nǐ hěn gāoxing!

Nín kuì sing?
② 您贵姓? → Nín guì xìng?

Ní zhào sénme míngzi?
③ 你叫什么名字? → Nǐ jiào shénme míngzi?

Ziàndao nǐ hěn gāoxing.
④ 见到你很高兴。 → Jiàndào nǐ hěn gāoxing.

3 다음 문장을 한국어 해석과 연결하세요.

① Nín guì xìng?
알게 돼서 기뻐!

② Nǐ jiào shénme míngzi?
성함이 어떻게 되세요?

③ Rènshi nǐ hěn gāoxing!
이름이 뭐니?

13
你叫什么名字?

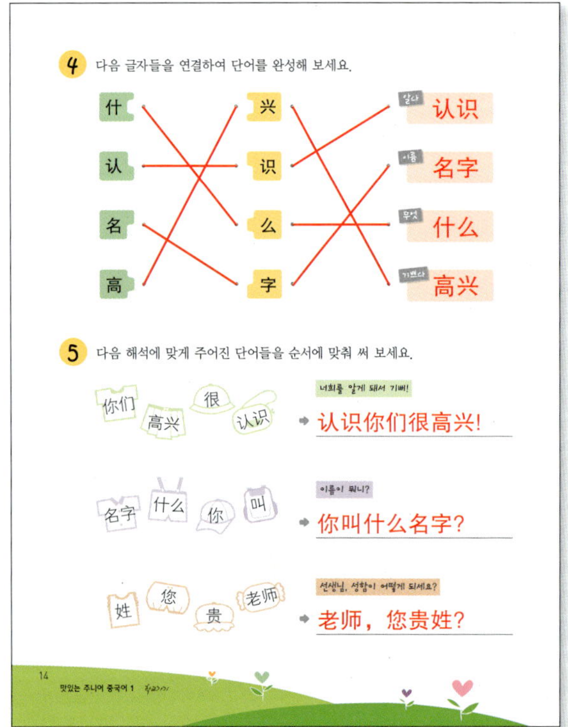
4 다음 글자들을 연결하여 단어를 완성해 보세요.

什   兴   알다 认识
认   识   이름 名字
名   么   무엇 什么
高   字   기쁘다 高兴

5 다음 해석에 맞게 주어진 단어들을 순서에 맞춰 써 보세요.

你们 高兴 很 认识
너희를 알게 돼서 기뻐!
→ 认识你们很高兴!

名字 什么 你 叫
이름이 뭐니?
→ 你叫什么名字?

姓 您 贵 老师
선생님, 성함이 어떻게 되세요?
→ 老师, 您贵姓?

14
맛있는 주니어 중국어 1

③과 16쪽 · 17쪽 · 18쪽

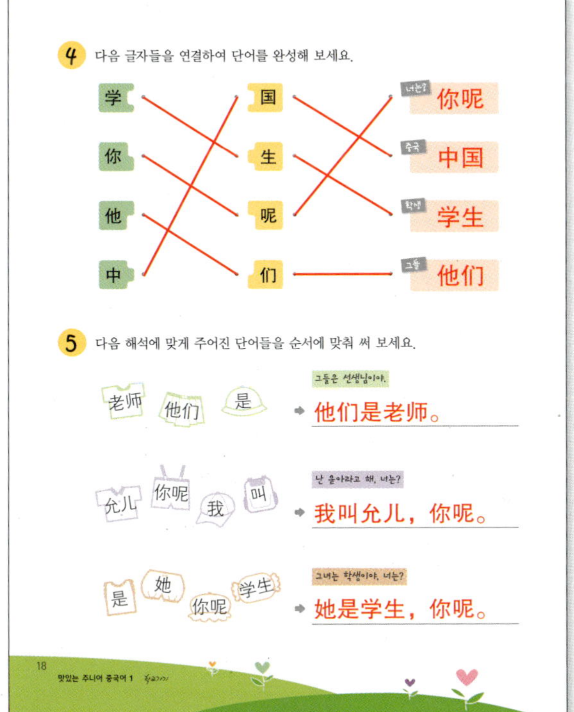

맛있는 1 주니어 중국어 · 정답

5과 24쪽 · 25쪽 · 26쪽

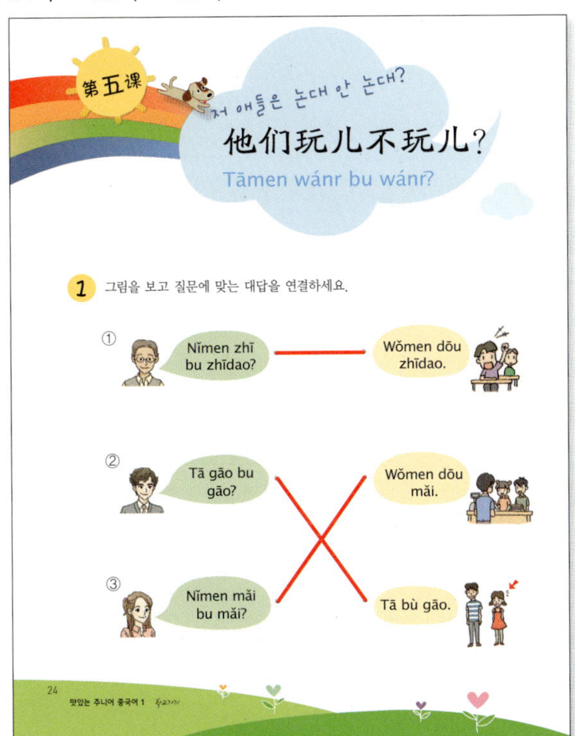

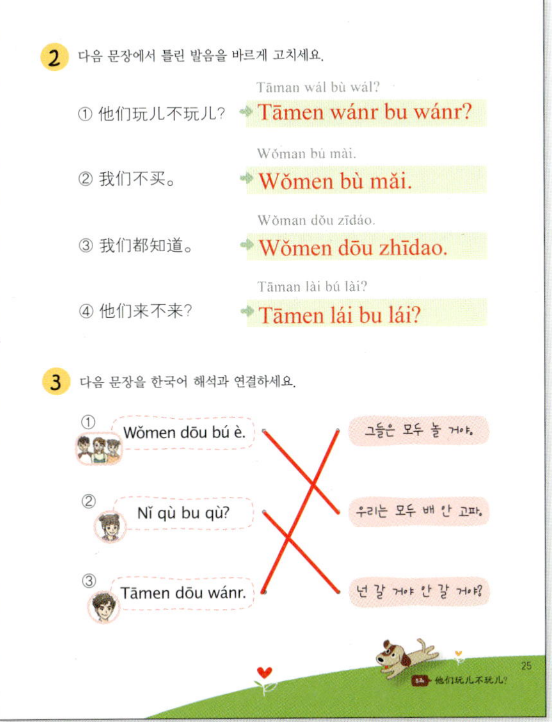

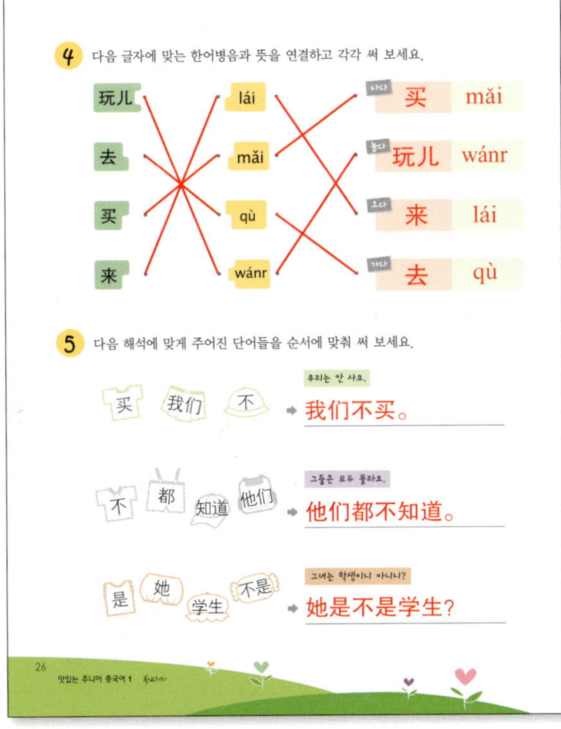

6과 28쪽 · 29쪽 · 30쪽

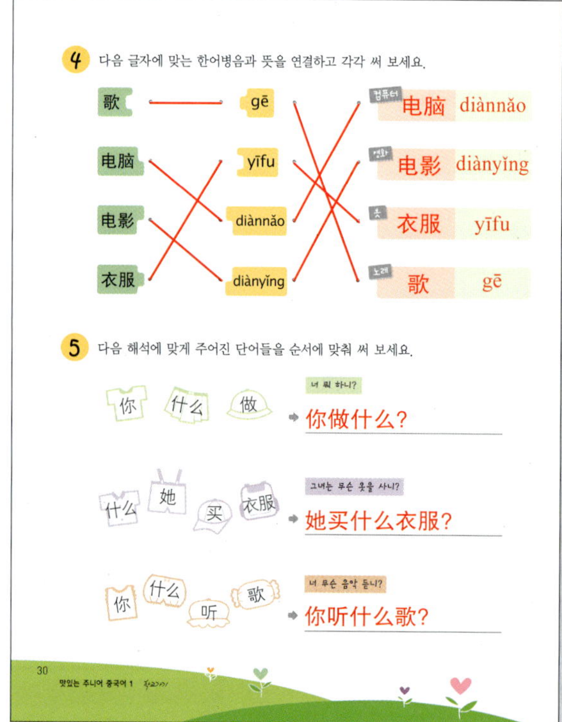

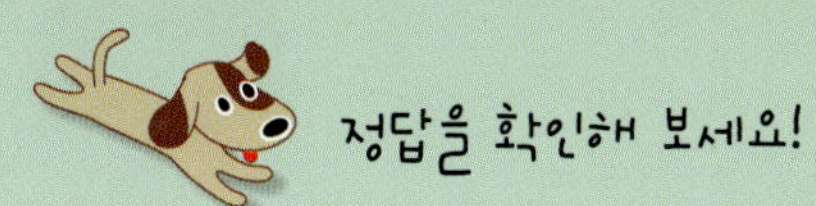
정답을 확인해 보세요!

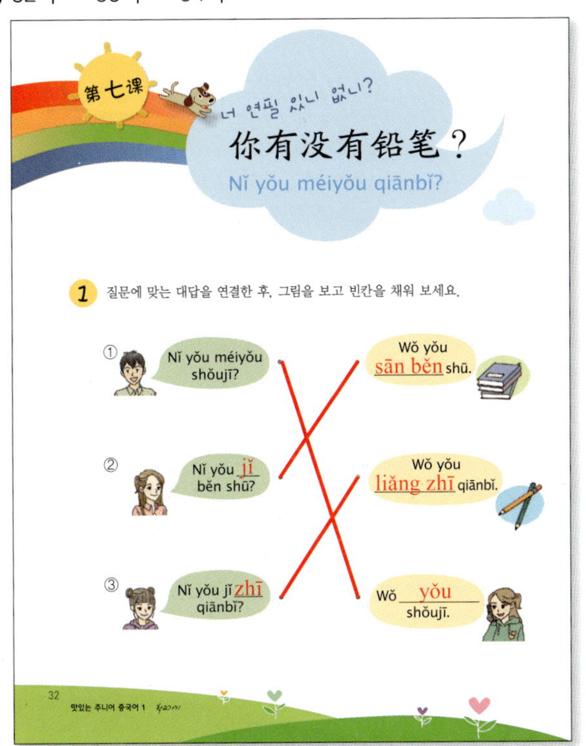
第七课
너 연필 있니 없니?
你有没有铅笔？
Nǐ yǒu méiyǒu qiānbǐ?
1 질문에 맞는 대답을 연결한 후, 그림을 보고 빈칸을 채워 보세요.
① Nǐ yǒu méiyǒu shǒujī?
② Nǐ yǒu jǐ běn shū?
③ Nǐ yǒu jǐ zhī qiānbǐ?
Wǒ yǒu sān běn shū.
Wǒ yǒu liǎng zhī qiānbǐ.
Wǒ yǒu shǒujī.
32 맛있는 주니어 중국어 1 워크북

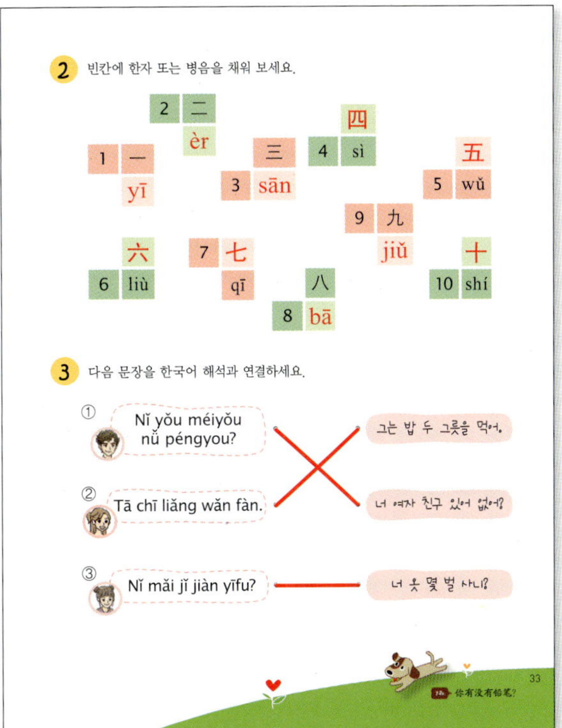
2 빈칸에 한자 또는 병음을 채워 보세요.
2 二 èr
四 sì
1 一 yī
三 3 sān
4 sì
五 wǔ
5 wǔ
9 九 jiǔ
十 shí
六 7 七 qī
6 liù
八 8 bā
10 shí
3 다음 문장을 한국어 해석과 연결하세요.
① Nǐ yǒu méiyǒu nǚ péngyou?
② Tā chī liǎng wǎn fàn.
③ Nǐ mǎi jǐ jiàn yīfu?
그는 밥 두 그릇을 먹어.
너 여자 친구 있어 없어?
너 옷 몇 벌 사니?
33 7과 你有没有铅笔?

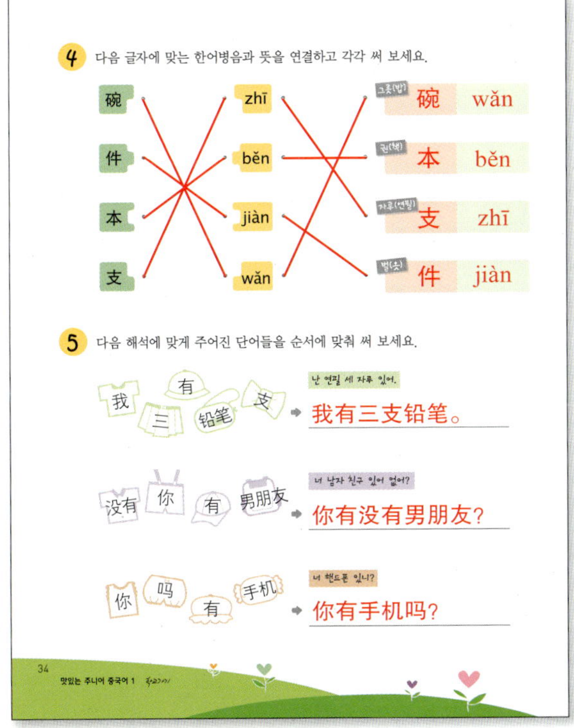
4 다음 글자에 맞는 한어병음과 뜻을 연결하고 각각 써 보세요.
碗 — zhī
件 — běn
本 — jiàn
支 — wǎn
그릇(밥) 碗 wǎn
권(책) 本 běn
자루(연필) 支 zhī
벌(옷) 件 jiàn
5 다음 해석에 맞게 주어진 단어들을 순서에 맞춰 써 보세요.
我 有 三 铅笔 支
난 연필 세 자루 있어.
我有三支铅笔。
没有 你 有 男朋友
너 남자 친구 있어 없어?
你有没有男朋友？
你 吗 有 手机
너 핸드폰 있니?
你有手机吗？
34 맛있는 주니어 중국어 1 워크북

정답

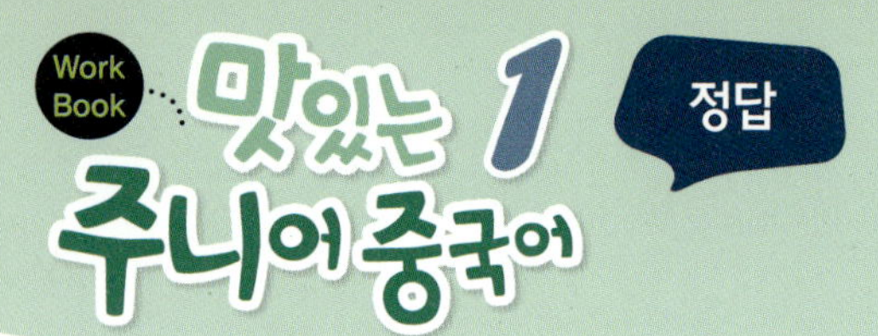

第八课
너희 집은 몇 식구가 있니?
你家有几口人?
Nǐ jiā yǒu jǐ kǒu rén?

1 질문에 맞는 대답을 연결한 후, 그림을 보고 빈칸을 채워 보세요.

① Nǐ jiā yǒu jǐ kǒu rén?
② Nǐ yǒu jǐ ge gēge?
③ Nǐ mǎi shénme?

Wǒ yǒu liǎng ge gēge
Wǒ mǎi miànbāo, qiǎokèlì hé kělè
Wǒ jiā yǒu sì kǒu rén.

36 맛있는 주니어 중국어 1

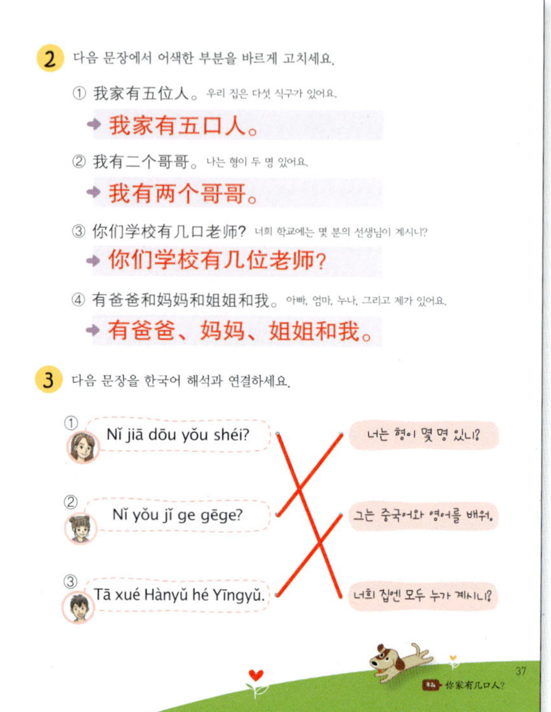

2 다음 문장에서 어색한 부분을 바르게 고치세요.

① 我家有五位人。 우리 집은 다섯 식구가 있어요.
→ 我家有五口人。

② 我有二个哥哥。 나는 형이 두 명 있어요.
→ 我有两个哥哥。

③ 你们学校有几口老师? 너희 학교에는 몇 분의 선생님이 계시니?
→ 你们学校有几位老师?

④ 有爸爸和妈妈和姐姐和我。 아빠, 엄마, 누나, 그리고 제가 있어요.
→ 有爸爸、妈妈、姐姐和我。

3 다음 문장을 한국어 해석과 연결하세요.

① Nǐ jiā dōu yǒu shéi?
② Nǐ yǒu jǐ ge gēge?
③ Tā xué Hànyǔ hé Yīngyǔ.

너는 형이 몇 명 있니?
그는 중국어와 영어를 배워.
너희 집엔 모두 누가 계시니?

37 8과 你家有几口人?

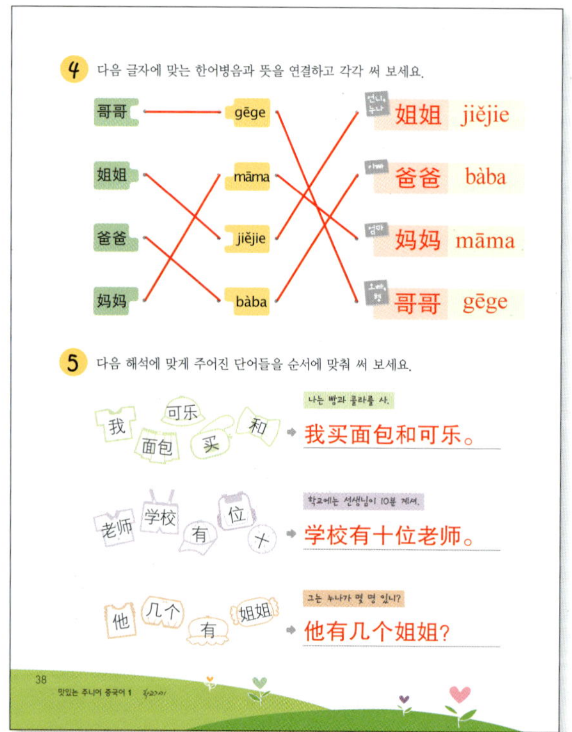

4 다음 글자에 맞는 한어병음과 뜻을 연결하고 각각 써 보세요.

哥哥 — gēge
姐姐 — māma
爸爸 — jiějie
妈妈 — bàba

언니, 누나 姐姐 jiějie
아빠 爸爸 bàba
엄마 妈妈 māma
오빠, 형 哥哥 gēge

5 다음 해석에 맞게 주어진 단어들을 순서에 맞춰 써 보세요.

나는 빵과 콜라를 사.
我 可乐 和 面包 买
→ 我买面包和可乐。

학교에는 선생님이 10분 계셔.
老师 学校 位 有 十
→ 学校有十位老师。

그는 누나가 몇 명 있니?
他 几个 有 姐姐
→ 他有几个姐姐?

38 맛있는 주니어 중국어 1

9과 40쪽 · 41쪽 · 42쪽

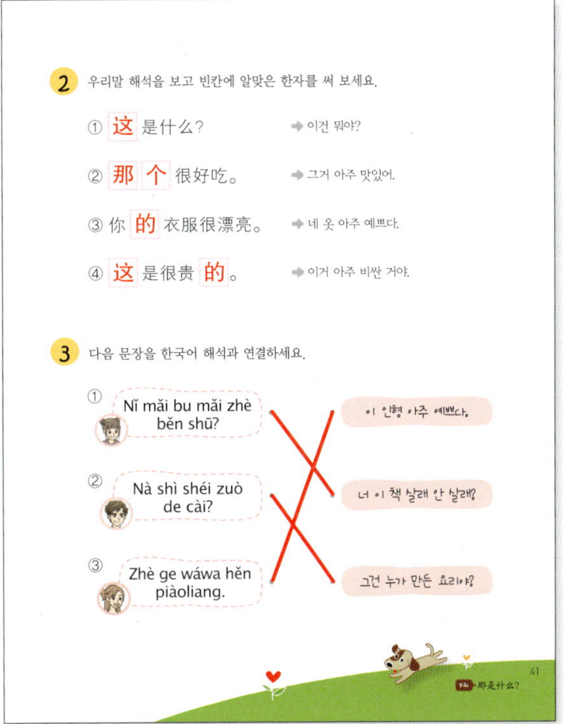

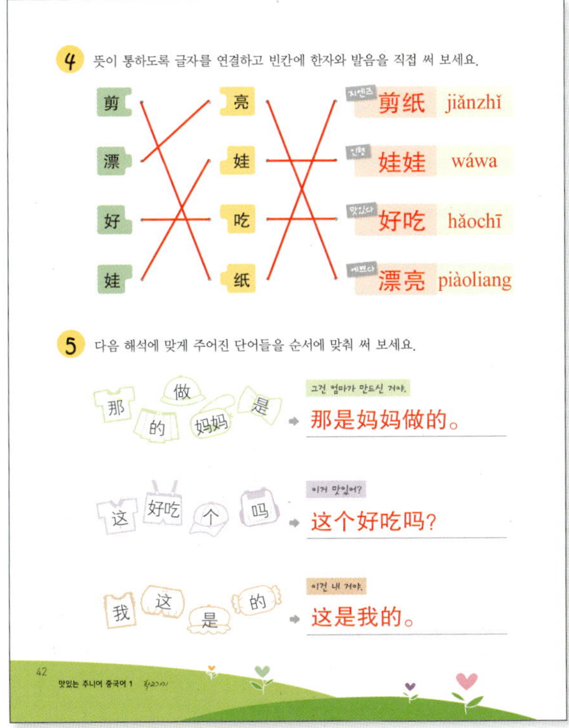

정답

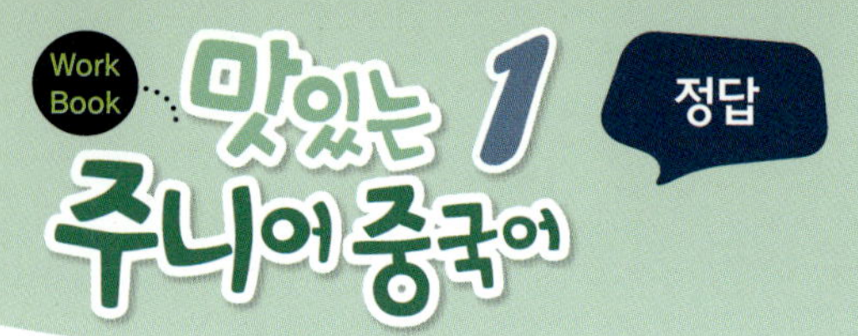

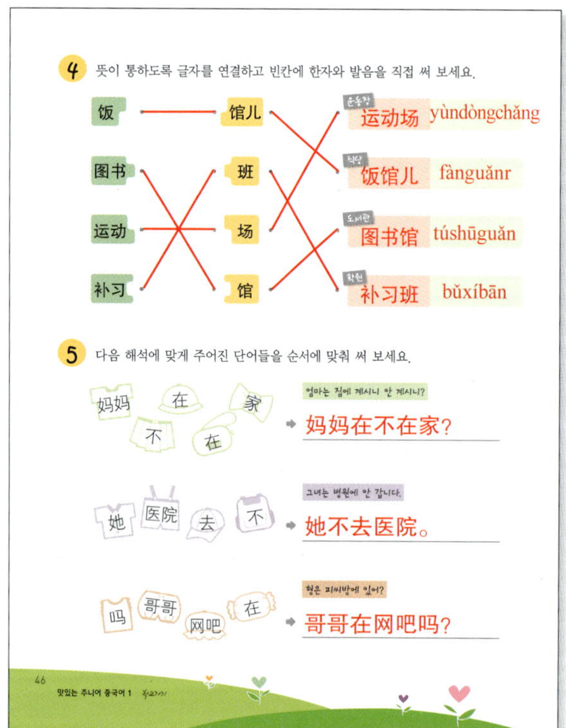

66

맛있는 주니어 중국어 1 학교가기

11과 48쪽 · 49쪽 · 50쪽

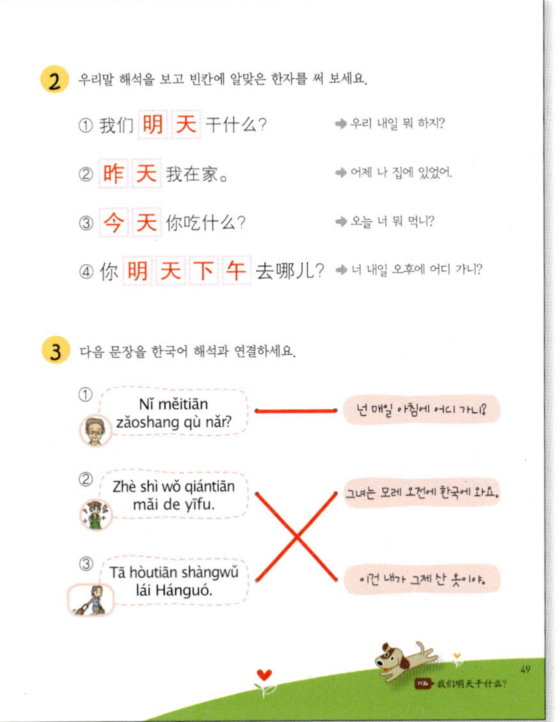

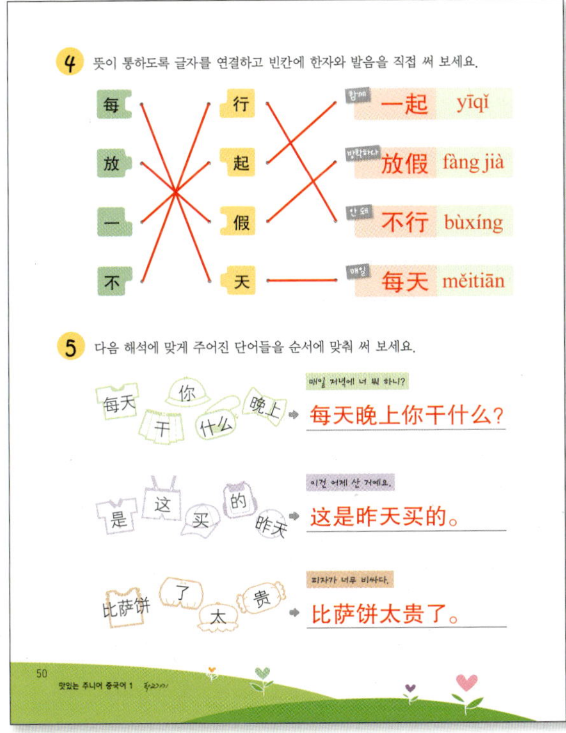

12과 52쪽 · 53쪽 · 54쪽

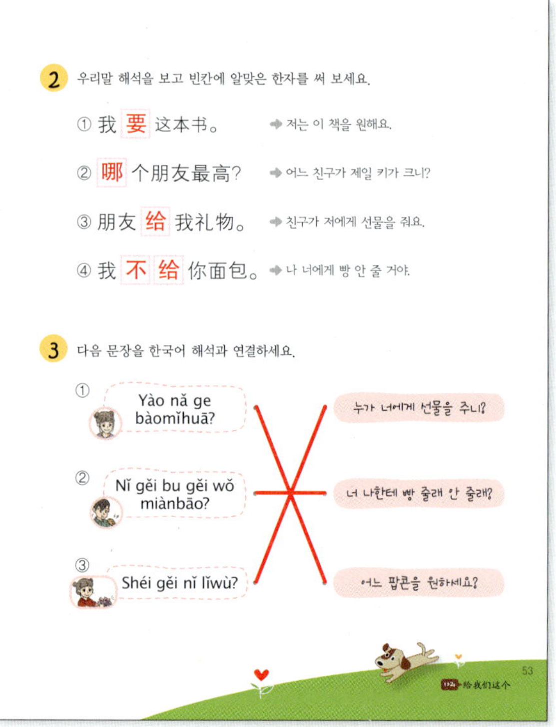

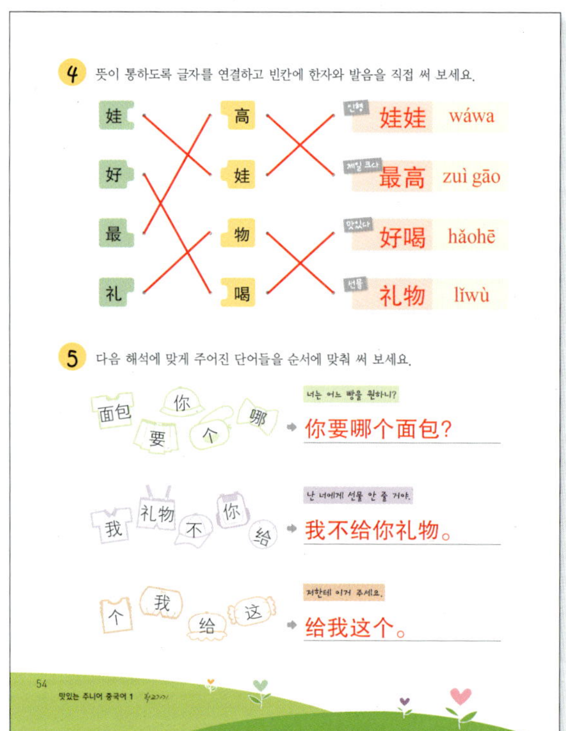